STEP BY STEP
중국어 독해

서희명 저

제이앤씨
Publishing Company

『STEP BY STEP 중국어 독해』는 초·중급 과정의 학습자들이 독해력을 향상시키는 데 있어서 본문의 편폭과 난이도에 따라 수준별로 본문을 선택해서 읽어 나갈 수 있도록 집필하였다. 또한 본문의 내용이 딱딱하지 않은 유머러스한 내용들로 이루어져 있어 지루하지 않게 독해력 향상 및 어휘력 증진을 도모할 수 있도록 하였다.

『STEP BY STEP 중국어 독해』는 총 12과로 이루어져 있다. 각 과의 체제는 새 단어, Step 1·2·3 본문, 구문 설명, 연습 문제 등 네 부분으로 구성되어 있으며, 본문에 대한 이해를 높이기 위해 부록에 본문의 해석과 연습 문제 답안을 실어두었다.

『STEP BY STEP 중국어 독해』는 다음과 같은 특징을 가지고 있다.

첫째, 본문의 편폭과 난이도에 따라 본문을 3단계로 구성하여, 중국어 독해력을 단계별로 향상시킬 수 있도록 하였다.

둘째, 학습자들이 어느 페이지를 펼쳐도 부담없이 독해 할 수 있도록, 필요한 단어를 상세하게 실어두었다.

셋째, 핵심이 되는 구문이나 문법적인 설명이 필요한 내용에 대해서는 해설과 적절한 예문을 덧붙여 중국어의 대체적인 문법사항을 파악하도록 함으로써, 체계적인 학습이 될 수 있도록 하였다.

넷째, 각 과의 끝에 연습 문제를 실어 본문에서 학습한 어휘와 본문의 내용을 한 번 더 점검해 볼 수 있도록 하였다.

『STEP BY STEP 중국어 독해』는 흥미성과 문화성을 두루 갖추고 있어, 초·중급 수준 독자들의 독학 교재로도 충분하리라 생각된다.

끝으로 이 책이 출판될 수 있도록 도와주신 제이앤씨 사장님과 편집부 식구들께 감사의 마음을 전한다.

2016년 11월
서 희명

차례

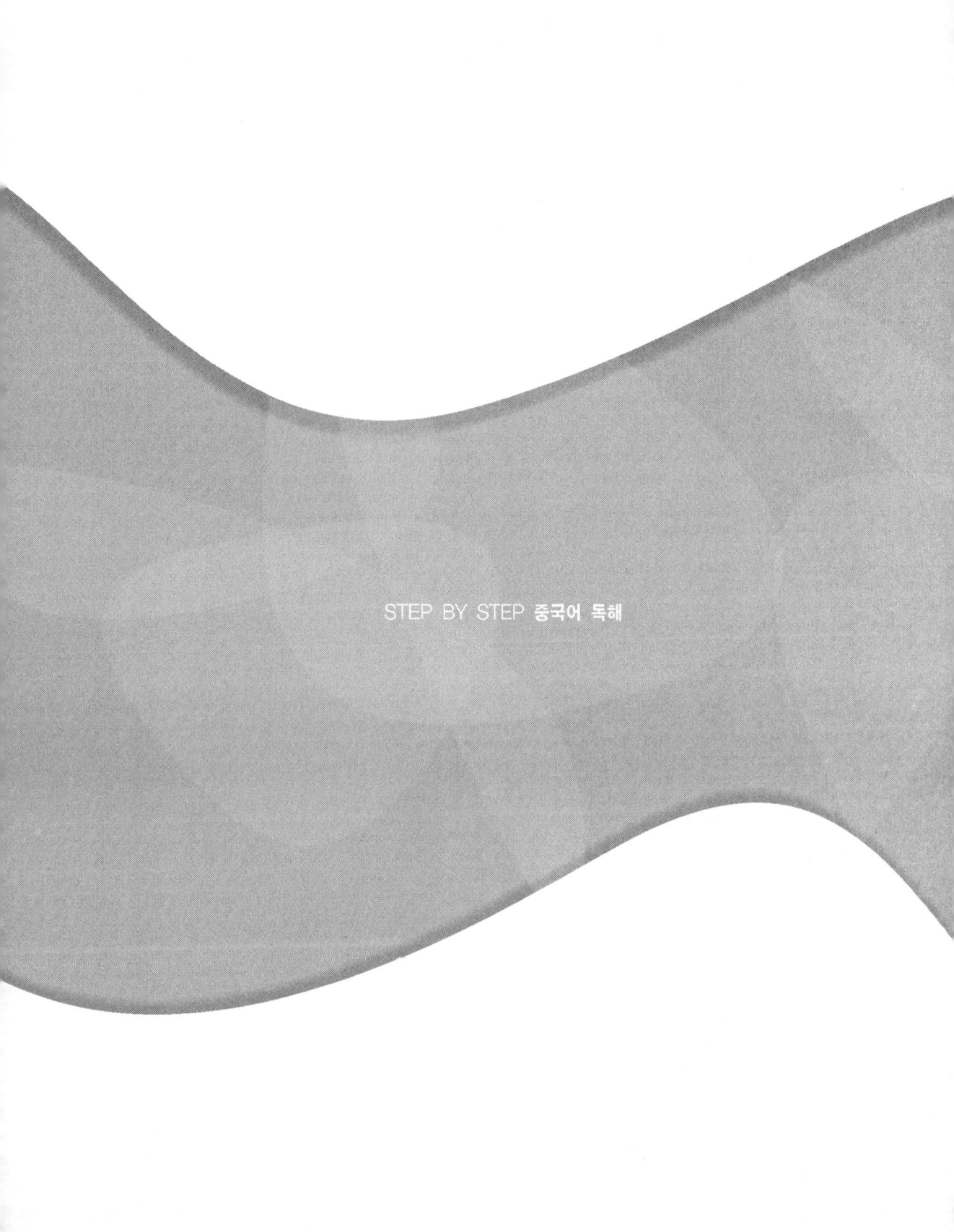

STEP BY STEP 중국어 독해

제1과

白发的原因

 **새 단어**

☐	**白发** báifà	흰 머리
☐	**原因** yuányīn	원인
☐	**儿子** érzi	아들
☐	**爸爸** bàba	아버지
☐	**只有** zhǐyǒu	…만 있다. …밖에 없다
☐	**岁** suì	세. 살[나이를 세는 단위]
☐	**怎么** zěnme	어떻게
☐	**头发** tóufa	머리카락. 두발
☐	**气** qì	화나게 하다
☐	**全** quán	전부. 완전히
☐	**本来** běnlái	본래(의). 원래(의)
☐	**知道** zhīdào	알다
☐	**现在** xiànzài	현재. 지금
☐	**明白** míngbái	알다. 이해하다

본문

儿子："爸爸，你只有30多岁，怎么有些白头发了？"

爸爸："都是给你气出来的么。"

儿子："噢？爷爷的头发全白的原因，我本来不知道，
　　　现在我全明白了。"

Érzi ："Bàba, nǐ zhǐyǒu sān shí duō suì, zěnme yǒu xiē bái tóufa le?"
Bàba："Dōu shì gěi nǐ qì chūlái de me."
Érzi ："Ō? Yéye de tóufa quán bái de yuányīn, wǒ běnlái bù zhīdào,
　　　xiànzài wǒ quán míngbái le."

用牙判断

 새 단어

☐	**用** yòng	…로써
☐	**牙** yá	이. 치아
☐	**判断** pànduàn	판단(하다)
☐	**小学校** xiǎoxuéxiào	초등학교
☐	**鸡** jī	닭
☐	**老** lǎo	늙다. 나이가 들다. 나이 먹다
☐	**根据** gēnjù	근거하다. 따르다. 의거하다
☐	**咬** yǎo	물다. 깨물다
☐	**肉** ròu	고기. 살
☐	**嫩** nèn	연하다. 부드럽다

본문

　　在一个小学校里，老师问学生：“怎么能知道一只鸡老不老呢?”

　　“根据牙来判断。” 一个学生回答。

　　老师说：“可是鸡没有牙呀!”

　　那个学生又说：“鸡虽然没有牙，但是我有牙。用牙一咬，肉嫩的鸡小，肉不嫩的鸡老。”

　　Zài yī ge xiǎoxuéxiào li, lǎoshī wèn xuésheng：“Zěnme néng zhīdào yī zhī jī lǎo bù lǎo ne?”

　　“Gēnjù yá lái pànduàn.” Yī ge xuésheng huídá.

　　Lǎoshī shuō：“Kěshì jī méiyǒu yá ya!”

　　Nà ge xuésheng yòu shuō：“Jī suīrán méiyǒu yá, dànshì wǒ yǒu yá. Yòng yá yī yǎo, ròu nèn de jī xiǎo, ròu bù nèn de jī lǎo.”

好听费

새 단어

☐	**好听** hǎotīng	(말 또는 소리가) 듣기 좋다
☐	**费** fèi	비용. 요금. 수수료
☐	**携** xié	거느리다. 동반하다
☐	**家** jiā	가정·가게·기업 따위를 세는 단위
☐	**酒楼** jiǔlóu	요릿집. 술집
☐	**用餐** yòngcān	식사를 하다. 밥을 먹다
☐	**酒足饭饱** jiǔzú fànbǎo	술과 밥을 배불리 먹었습니다. 대접을 잘 받았습니다[남에게 대접을 받고 하는 인사]
☐	**提出** tíchū	제출하다
☐	**结帐** jiézhàng	결산하다. 청산하다
☐	**服务员** fúwùyuán	(서비스업의) 종업원
☐	**忙** máng	서두르다. 서둘러…하다
☐	**递** dì	넘겨주다. 전해주다
☐	**帐单** zhàngdān	계산서. 명세서
☐	**让** ràng	…하게 하다
☐	**过目** guòmù	훑어보다

☐	经 jīng	(과정이나 수속을) 거치다
☐	仔细 zǐxì	꼼꼼하다. 자세하다. 세밀하다
☐	核对 héduì	대조(하다). 검토(하다)
☐	认定 rèndìng	인정하다
☐	帐目 zhàngmù	장부의 항목. 계산서
☐	当场 dāngchǎng	당장. 즉석에서
☐	拿 ná	부담하다. 내다
☐	并 bìng	그리고. 또
☐	要求 yāoqiú	요구(하다). 요망(하다)
☐	开 kāi	(서류를) 작성하다
☐	发票 fāpiào	영수증
☐	不多时 bùduōshí	오래지 않아. (시간이) 얼마 지나지 않아
☐	找 zhǎo	거슬러 주다
☐	零钱 língqián	잔돈. 거스름돈
☐	面前 miànqián	면전. (눈) 앞
☐	接 jiē	받다. 잡다
☐	收 shōu	받다. 접수하다
☐	解释 jiěshì	변명하다. 해명하다. 설명하다
☐	一家人 yījiārén	한 집안 식구
☐	如此 rúcǐ	이와 같다. 이러하다
☐	真是 zhēnshì	정말. 참[불만의 감정을 나타냄]
☐	哭笑不得 kūxiào bùdé	웃을 수도 울 수도 없다. 이러지도 저러지도 못하다

본문

　　星期天晚上，沈先生携家人来到四川路一家酒楼用餐。酒足饭饱后沈提出结帐，服务员忙递上帐单让他过目。经仔细核对后，认定了144元的帐目，沈当场拿出150元钱，并要求开一张发票。

　　不多时，服务员拿着发票和找下的5元零钱，来到沈先生面前。

　　沈接过发票和找下的零钱一看，忙问："帐单上不是144元，怎么收了145元？"

　　服务员小姐听后忙解释："144块不好听，所以就多收了你一块钱，这叫好听费。"

　　沈先生一家人听到如此解释，真是哭笑不得。

한어병음

　　Xīngqītiān wǎnshang, Shěn xiānsheng xié jiārén láidào Sìchuān lù yī jiā jiǔlóu yòngcān. Jiǔzú fànbǎo hòu Shěn tíchū jiézhàng, fúwùyuán máng dì shàng zhàngdān ràng tā guòmù. Jīng zǐxì héduì hòu, rèndìng le yī bǎi sì shí sì yuán de zhàngmù, Shěn dāngchǎng ná chū yī bǎi wǔ shí yuán qián, bìng yāoqiú kāi yī zhāng fāpiào.

　　Bùduōshí, fúwùyuán ná zhe fāpiào hé zhǎo xià de wǔ yuán língqián, láidào Shěn xiānsheng miànqián.

　　Shěn jiē guo fāpiào hé zhǎo xià de língqián yī kàn, máng wèn : "Zhàngdān shsng bù shì yī bǎi sì shí sì yuán, zěnme shōu le yī bǎi sì shí wǔ yuán?"

　　Fúwùyuán xiǎojiě tīng hòu máng jiěshì : "Yī bǎi sì shí sì kuài bù hǎotīng, suǒyǐ jiù duō shōu le nǐ yī kuài qián, zhè jiào hǎotīngfèi."

　　Shěn xiānsheng yījiārén tīng dào rúcǐ jiěshì, zhēnshì kūxiào bùdé.

구문 설명

Step 2 구문 설명

1 那个学生<u>又</u>说：

또. 다시. 거듭.
어떤 동작·상태가 반복적으로 발생하거나, 두 가지 동작·상태가 잇
달아 발생하거나 반복 교차함을 나타낸다.

1) 앞절과 뒷절에 같은 동사가 반복되어, 동작이 두 번째 일어나는
것임을 나타낸다.

   (1) 他昨天买了一本书，今天又买了一本。
   (2) 这个话剧他以前看过了，昨天又看了一遍。

2) 한 문장 안에 '又' 앞뒤로 같은 동사를 반복하면, 이 동작·상태가
여러 차례 반복되었음을 나타낸다.

   (1) 这首歌儿他听了又听，真喜欢。
   (2) 他拿着这封信看了又看。

2 鸡<u>虽然</u>没有牙，但是我有牙。

비록…일지라도. 비록…하지만. 설령…일지라도.
양보를 나타낸다. 앞절에 쓸 때, 주어의 앞이나 뒤에 놓을 수 있다.
뒷절에는 '但是, 可是, 还是, 可, 却' 등이 와서 호응한다.

(1) 他虽然住在北京，但是没去过故宫。

(2) 我们虽然来晚了，但是电影还没开始呢。

(3) 虽然老李工作很忙，但是还常常帮助别人。

(4) 虽然我给他写了信，但是他到现在还没回信。

Step 3 구문 설명

1 服务员忙递上帐单<u>让</u>他过目。

…하게 하다. 반드시 겸어를 수반한다.

(1) 来晚了，让您久等了。

(2) 谁让你把教材送来的?

2 沈当场拿出150元钱，<u>并</u>要求开一张发票。

그리고. 또.

병렬된 두음절의 동사를 연결할 때 많이 쓰이며, 절을 연결할 때는 뒷절의 주어가 앞 문장을 이어 생략되었을 때만 쓰인다.

(1) 技术员找出了机器的毛病，并研究了修理的办法。

(2) 他一九八五年大学毕业，并于同年留校任教。

3 服务员拿<u>着</u>发票和找下的5元零钱，来到沈先生面前。

동사 뒤에 쓰여, 동작이 진행되고 있음을 나타낸다.

(1) 手上拿着一本汉语词典。

(2) 路旁长椅上坐着一对老年夫妇。

 **연습 문제**

1. 괄호 안에 들어갈 알맞은 글자를 써넣으시오.

1) 爸爸, 你(　　　)有30多岁, 怎么有些白头发了?

2) 都是(　　　)你气出来的么。

3) 噢? 爷爷的头发(　　　)白的原因, 我本来不知道, 现在我(　　　)明白了。

4) (　　　)一个小学校里, 老师问学生：“怎么能知道一(　　　)鸡老不老呢?”

5) “根(　　　)牙来判断。” 一个学生回(　　　)。

6) 老师说：“(　　　)是鸡没有牙呀!”

7) 那个学生(　　　)说：“鸡(　　　)然没有牙, 但是我有牙。(　　　)牙一咬, 肉嫩的鸡小, 肉不嫩的鸡老。”

8) 星期天晚上, 沈先生(　　　)家人来到四川路一(　　　)酒楼用餐。

9) 酒(　　　)饭(　　　)后沈提出结帐, 服务员忙递上帐单(　　　)他过目。

10) (　　　)仔细核对后, 认定了144元的帐目, 沈当场(　　　)出150元钱, 并要求开一 (　　　)发票。

11) 不多时, 服务员拿着发票和找下的5元(　　　)钱, 来到沈先生面前。

12) 沈(　　　)过发票和找下的零钱一看, 忙问：“帐单上不是144元, 怎么(　　　)了145元? ”

13) 服务员小姐听后忙解(   )：“144块不好听，所以就多收了你一
    块钱，这(   )好听费。”

14) 沈先生一家人听到如(   )解释，真是哭笑不(   )。

2. 다음 병음을 중국어로 옮기시오.

1) Bàba, nǐ zhǐyǒu sān shí duō suì, zěnme yǒu xiē bái tóufa le?

   ➡ _____

2) Yéye de tóufa quán bái de yuányīn, wǒ běnlái bù zhīdào, xiànzài wǒ
   quán míngbái le.

   ➡ _____

   _____

3) Zěnme néng zhīdào Yī zhī jī lǎo bù lǎo ne?

   ➡ _____

4) "Gēnjù yá lái pànduàn." Yī ge xuésheng huídá.

   ➡ _____

5) Lǎoshī shuō："Kěshì jī méiyǒu yá ya!"

   ➡ _____

6) Xīngqītiān wǎnshang, Shěn xiānsheng xié jiārén láidào Sìchuān lù yī jiā
   jiǔlóu yòngcān.

   ➡ _____

   _____

7) Jiǔzú fànbǎo hòu Shěn tíchū jiézhàng, fúwùyuán máng dì shàng zhàngdān ràng tā guòmù.

➡ _____

_____

8) Bùduōshí, fúwùyuán ná zhe fāpiào hé zhǎo xià de wǔ yuán língqián, láidào Shěn xiānsheng miànqián.

➡ _____

_____

9) Zhàngdān shang bù shì yī bǎi sì shí sì yuán, zěnme shōu le yī bǎi sì shí wǔ yuán?

➡ _____

_____

10) Yī bǎi sì shí sì kuài bù hǎotīng, suǒyǐ jiù duō shōu le nǐ yī kuài qián, zhè jiào hǎotīngfèi.

➡ _____

_____

제2과

Step 1 扔东西

☐	**扔** rēng	던지다. 포기하다. 내버리다
☐	**东西** dōngxi	물건. 사물. 물품
☐	**乔迁** qiáoqiān	더 나은 곳으로 이사하다. 승진하다[주로 축하의 말로 쓰임]
☐	**新居** xīnjū	새 집. 새로 지은 집. 새로 이사한 집
☐	**决心** juéxīn	결심(하다). 결의(하다). 다짐(하다)
☐	**处理** chǔlǐ	처리하다. (사물을) 안배하다. (문제를) 해결하다. (내린 가격·시가로) 물건을 처분하다. 처벌하다. 징벌하다. 처분하다
☐	**旧** jiù	헐다. 낡다. 오래다. 오래되다. 옛날의. 과거의. 구시대의. 지난. 이전의. 종전의
☐	**物品** wùpǐn	물품
☐	**对** duì	…에게. …을(를)향하여. …에 대해(서). …에 대하여[동작이나 행위의 대상을 이끌어 냄]
☐	**妻子** qīzi	아내
☐	**凡是** fánshì	대강. 대체로. 무릇. 모든. 다. …하기만 하면

☐	**以上** yǐshàng	이상
☐	**动** dòng	사용하다. 쓰다
☐	**用** yòng	쓰다. 사용하다. 고용하다. 임용하다
☐	**统统** tǒngtǒng	전부. 모두. 다
☐	**扔掉** rēngdiào	버리다. 던져 버리다. 내버리다. 포기하다
☐	**急** jí	조급하게 하다. 초조하게 하다. 애를〔속을〕태우다. 안달케 하다
☐	**咱们** zánmen	우리(들) [자기 쪽 '我'·'我们'과 상대방 '你'·'你们'을 모두 포함]
☐	**定期** dìngqī	정기의. 정기적인
☐	**存单** cúndān	저금통장. 예금 증서
☐	**抽屉** chōuti	서랍

본문

　　要乔迁新居了，小王决心要处理掉一些旧物品，他对妻子说："凡是三年以上不动不用的东西统统扔掉！"

　　他妻子急了："那咱们五年期的定期存单怎么办？"

　　"嗯……这个嘛，扔到抽屉里！"

한어병음

　　Yào qiáoqiān xīnjū le, xiǎo Wáng juéxīn yào chǔlǐ diào yī xiē jiù wùpǐn, tā duì qīzi shuō："Fánshì sān nián yǐshàng bù dòng bù yòng de dōngxi tǒngtǒng rēng diào!"

　　Tā qīzi jí le："Nà zánmen wǔ nián qī de dìngqī cúndān zěnme bàn?"

　　"Èn……zhè ge ma, rēng dào chōuti li!"

谁游得好

 새 단어

☐	**游** yóu	헤엄치다
☐	**河边** hébiān	강 가. 강변. 강기슭
☐	**青年** qīngnián	청년. 젊은이
☐	**聊天儿** liáotiānr	잡담하다. 한담하다
☐	**爷爷** yéye	할아버지. 조부님
☐	**地方** dìfang	장소. 곳
☐	**呆** dāi	머무르다
☐	**更** gèng	더욱. 일층 더
☐	**秒** miǎo	초
☐	**别** bié	…하지 마라
☐	**跳** tiào	뛰다. 도약하다

본문

　　河边上坐着三个青年，他们正在聊天儿。

　　第一个说："我爷爷游泳游得真好，就在这个地方，我看见他在水下呆了三分钟。"

　　第二个说："我爷爷游得更好，他在水下呆了三分三十秒。"

　　第三个说："你们都别说了。我爷爷才游得好呢。他从这儿跳下去，已经四年了，到现在还没上来呢。"

Hébiān shang zuò zhe sān ge qīngnián, tāmen zhèngzài liáotiānr.

　　Dì yī ge shuō："Wǒ yéye yóuyǒng yóu de zhēn hǎo, jiù zài zhè ge dìfang, wǒ kàn jiàn tā zài shuǐxià dāi le sān fēnzhōng."

　　Dì èr ge shuō："Wǒ yéye yóu de gèng hǎo, tā zài shuǐxià dāi le sān fēn sān shí miǎo."

　　Dì sān ge shuō："Nǐmen dōu bié shuō le. Wǒ yéye cái yóu de hǎo ne. Tā cóng zhèr tiào xiàqù, yǐjīng sì nián le, dào xiànzài hái méi shànglái ne."

占座位

 **새 단어**

☐	**占** zhàn	차지하다. 점령하다
☐	**座位** zuòwéi	(주로 공공장소의) 자리. 좌석
☐	**年逾古稀** niányú gǔxī	나이가 고희〔70세〕를 넘다
☐	**老太** lǎotài	할머님. 노부인 [나이든 여성에 대한 존칭]
☐	**证券公司** zhèngquàn gōngsī	증권회사
☐	**准备** zhǔnbèi	준비하다. …하려고 하다. …할 작정이다
☐	**申购** shēngòu	신청해서 구매하다
☐	**当日** dāngrì	당일. 그 날. 그 때. 그 당시
☐	**发行** fāxíng	발행하다. 발매하다
☐	**新股** xīngǔ	새로운 주식(新株)
☐	**场内** chǎngnèi	어떤 장소의 내부
☐	**股民** gǔmín	주식 투자가
☐	**随便** suíbiàn	마음대로 . 좋을 대로. 자유로이
☐	**位子** wèizi	자리. 좌석
☐	**不料** bùliào	뜻밖에. 의외에

☐	惊 jīng	놀라다
☐	直 zhí	곧장. 바로. 곧바로
☐	跳 tiào	(껑충) 뛰다
☐	不知 bùzhī	모르다. 알지 못하다
☐	红褐色 hónghèsè	적갈색
☐	塑料 sùliào	플라스틱
☐	靠背椅 kàobèiyǐ	등받이 의자
☐	垫 diàn	(의자에 까는) 방석. 깔개. 까는 물건
☐	极 jí	아주. 지극히. 몹시. 매우
☐	深处 shēnchù	깊숙한 곳
☐	倒 dǎo	따르다. 붓다. 쏟다
☐	茶水 cháshuǐ	찻물
☐	外裤 wàikù	겉(옷) 바지
☐	内衣裤 nèiyīkù	아래 내의. 아래 속옷
☐	湿透 shītòu	흠뻑 젖다. 푹 적시다
☐	当时 dāngshí	당시. 그 때
☐	灯光 dēngguāng	불빛. 조명
☐	微弱 wēiruò	미약하다
☐	根本 gēnběn	전연. 도무지. 전혀. 아예[부정문에 많이 쓰임]
☐	积水 jīshuǐ	고인 물
☐	抢 qiǎng	빼앗다. 탈취하다
☐	经常 jīngcháng	늘. 항상. 언제나

☐	放 fàng	놓다. 두다
☐	瓶子 píngzi	병
☐	或者 huòzhě	…아니면
☐	报纸 bàozhǐ	신문
☐	绳子 shéngzi	노끈. 밧줄
☐	作为 zuòwéi	…로 하다. …으로 삼다. …로 여기다. …로 간주하다
☐	私人 sīrén	개인. 민간
☐	占用 zhànyòng	(남의 것을) 점용하다
☐	凳子 dèngzi	걸상. (등받이가 없는) 의자
☐	个别 gèbié	개개(의). 개별적(인)
☐	离开 líkāi	떠나다
☐	有意 yǒuyì	일부러. 고의적으로
☐	做法 zuòfǎ	(하는) 방법
☐	实在 shízài	참으로. 정말
☐	缺德 quēdé	부도덕하다. 비열하다

본문

　　年逾古稀的江老太到某证券公司准备申购当日发行的新股。见场内股民不多，就随便找了个位子坐了下来。不料没到三分钟，江老太惊得直跳起来，原来不知哪位在红褐色塑料靠背椅垫极深处，倒了半杯茶水。江老太的外裤，内衣裤都湿透了。

　　当时，场内灯光微弱，根本看不到座位上的积水。原来是有些股民，为了抢个位子，经常在座位上放个瓶子，或者放些报纸绳子作为私人占用的凳子，个别人离开时还有意倒半瓶水，如此做法，实在缺德。

한어병음

　　Niányú gǔxī de Jiāng lǎotài dào mǒu zhèngquàn gōngsī zhǔnbèi shēngòu dāngrì fāxíng de xīngǔ. Jiàn chǎngnèi gǔmín bù duō, jiù suíbiàn zhǎo le ge wèizi zuò le xiàlái. Bùliào méi dào sān fēnzhōng, Jiāng lǎotài jīng de zhí tiào qǐlái, yuán lái bùzhī nǎ wèi zài hónghèsè sùliào kàobèiyǐ diàn jí shēnchù, dǎo le bàn bēi cháshuǐ. Jiāng lǎotài de wàikù, nèiyīkù dōu shītòu le.

　　Dāngshí, chǎngnèi dēngguāng wēiruò, gēnběn kàn bu dào zuòwèi shang de jīshuǐ. Yuánlái shì yǒu xiē gǔmín, wèile qiǎng ge wèizi, jīngcháng zài zuòwèi shang fàng ge píngzi, huòzhě fàng xiē bàozhǐ shéngzi zuòwéi sīrén zhànyòng de dèngzi, gèbié rén líkāi shí hái yǒuyì dǎo bàn píng shuǐ, rúcǐ zuòfǎ, shízài quēdé.

구문 설명

Step 2 구문 설명

1　我爷爷游得<u>更</u>好。

더욱. 일층 더.

정도가 더 심해짐을 나타내며, 비교에 쓰인다. 원래도 어느 정도 수준을 유지하고 있었다는 의미를 내포한다.

　(1) 他比你来得更早。

　(2) 现在他的身体更好了。

2　我爷爷<u>才</u>游得好呢。

1) (…에야) 비로소.

어느 시점에 이르러서 비로소 동작·작용이 발생하게 되는 것을 표시한다.[일이 일어나거나 끝마친 것이 늦었음을 나타낸다]

　(1) 别着急，现在七点钟，电影八点才开演。

　(2) 他说星期三动身，到星期五才走。

2) '才+형용사+呢'의 형태로 쓰여 정도가 강함을 강조한다.

　(1) 坐火车不快，坐飞机才快呢。

　(2) 我说英语说得不好，他说得才好呢。

Step 3 구문 설명

1   见场内股民不多，就<u>随便</u>找了个位子坐了下来。

마음대로. 좋을 대로. 자유로이.
범위나 수량 등에 제한이 없음을 나타낸다.

　(1) 你随便吃随便拿。　　(2) 随便发表意见。

2   当时，场内灯光微弱，<u>根本</u>看不到座位上的积水。

처음부터 끝까지. 완전히.
주로 부정문에 쓰이거나 부정에 가까운 뜻을 담고 있는 동사를 수식한다.

　(1) 他根本不认识我。
　(2) 你根本不了解情况，怎么能把事情办好呢?

3   经常在座位上放个瓶子，或者放些报纸绳子<u>作为</u>私人占用的凳子。

…로 하다. …으로 삼다. …로 여기다. …로 간주하다.

　(1) 我的专业是古典文学，音乐只是作为一种业余爱好。
　(2) 鸽子作为和平的象征。

4   个别人离开时还有意倒半瓶水，如此做法，<u>实在</u>缺德。

확실히. 정말.
일의 진실성을 강조한다.

　(1) 这小孩儿实在聪明。　　(2) 这实在不是我的错。

연습 문제

1. 괄호 안에 들어갈 알맞은 글자를 써넣으시오.

1) 要乔(　　　)新居了，小王决心要处理(　　　)一些旧物品，

他(　　　)妻子说："凡是三年以上不动不用的东西统统扔(　　　)!"

2) 他妻子急了："那咱们五年期的定期存(　　　)怎么办?"

3) "嗯……这个嘛，扔(　　　)抽屉里!"

4) 河边上坐着三个青年，他们正在(　　　)天儿。

5) 第一个说："我爷爷游泳游(　　　)真好，就在这个地方，我看见他

(　　　)水下呆了三分钟。"

6) 第二个说："我爷爷游得(　　　)好，他在水下呆了三分三十(　　　)。"

7) 第三个说："你们都别说了。我爷爷(　　　)游得好呢。

8) 他(　　　)这儿跳下去，已经四年了，到现在(　　　)没上来呢。"

9) 年逾古(　　　)的江老太到某证券公司准备申购当日发行的新股。

10) 见场内股民不多，就随(　　　)找了个位子坐了下来。

11) 不料没到三分钟，江老太惊(　　　)直跳起来，原来不知哪位(　　　)

红褐色塑料靠背椅垫极深处，倒了半(　　　)茶水。

12) 江老太的外裤，内衣裤都湿(　　　)了。

13) 当时，场内灯光微弱，根本看不(　　　)座位上的积水。

14) 原来是有些股民，为了抢个位子，经常在座位上放个瓶子，或者放些

报纸绳子作(　　　)私人占用的凳子，个别人离开时还有意倒半瓶

水，如(　　　)做法，实在(　　　)德。

2. 다음 병음을 중국어로 옮기시오.

1) Fánshì sān nián yǐshàng bù dòng bù yòng de dōngxi tǒngtǒng rēng diào!

   ➡ _____

2) Nà zánmen wǔ nián qī de dìngqī cúndān zěnme bàn?

   ➡ _____

3) Èn······zhè ge ma, rēng dào chōuti li!

   ➡ _____

4) Hébiānshàng zuò zhe sān ge qīngnián, tāmen zhèngzài liáotiānr.

   ➡ _____

5) Wǒ yéye yóuyǒng yóu de zhēn hǎo, jiù zài zhè ge dìfang, wǒ kàn jiàn
   tā zài shuǐ xià dāi le sān fēnzhōng.

   ➡ _____

   _____

6) Niányú gǔxī de Jiāng lǎotài dào mǒu zhèngquàn gōngsī zhǔnbèi shēn
   gòu dāngrì fāxíng de xīngǔ.

   ➡ _____

   _____

7) Jiàn chǎngnèi gǔmín bù duō, jiù suíbiàn zhǎo le ge wèizi zuò le xiàlái.
   Bùliào méi dào sān fēnzhōng.

   ➡ _____

   _____

8) Jiāng lǎotài de wàikù, nèiyīkù dōu shītòu le.

⏩ _____

9) Dāngshí, chǎngnèi dēngguāng wēiruò, gēnběn kàn bu dào zuòwèi shang de jīshuǐ.

⏩ _____

_____

10) Rúcǐ zuòfǎ, shízài quēdé.

⏩ _____

MEMO

제3과

眼睛亮了

 ## 새 단어

☐	**眼睛** yǎnjing	눈
☐	**亮** liàng	밝다. 빛나다. 소리가 크고 맑다. 똑똑하다. 분명하다
☐	**妻子** qīzi	아내
☐	**发脾气** fāpíqì	성질부리다. 화내다. 성내다
☐	**丈夫** zhàngfu	남편
☐	**生气** shēngqì	화내다
☐	**当初** dāngchū	당초. 애초. 맨 처음. 이전. 그 전. 원래. 당시. 그 때
☐	**瞎** xiā	눈이 멀다. 실명하다
☐	**嫁** jià	시집가다. 출가하다
☐	**儿子** érzi	아들
☐	**一旁** yīpáng	옆. 곁. 측면. 부근. 근처
☐	**望** wàng	살펴보다. 관찰하다. 둘러보다
☐	**原来** yuánlái	원래. 알고 보니
☐	**以前** yǐqián	이전(의)
☐	**盲人** mángrén	맹인
☐	**以后** yǐhòu	이후

본문

　　妻子发脾气了，她对丈夫生气地说："当初我是瞎了眼睛嫁给你……"儿子在一旁，望了望妈妈的眼睛。

　　妈妈问儿子："你看什么？"

　　儿子说："妈，原来你以前是盲人，现在好了，嫁给爸爸以后，眼睛好了，亮了……"

한어병음

　　Qīzi fāpíqìle, tā duì zhàngfu shēngqì de shuō："Dāngchū wǒ shì xiā le yǎnjing jià gěi nǐ……" Érzi zài yīpáng, wàng le wàng māma de yǎnjing.

　　Māma wèn érzi："Nǐ kàn shénme?"

　　Érzi shuō："Mā, yuánlái nǐ yǐqián shì mángrén, xiànzài hǎo le, jià gěi bàba yǐhòu, yǎnjing hǎo le, liàng le……"

爱人是女的

 새 단어

- [ ] **爱人** àiren   남편 또는 아내
- [ ] **女** nǚ   여자
- [ ] **认识** rènshi   알다. 인식하다
- [ ] **男人** nánrén   남자
- [ ] **一块儿** yīkuàir   함께. 같이
- [ ] **聊天儿** liáotiānr   한담하다. 잡담을 하다
- [ ] **问** wèn   묻다
- [ ] **当然** dāngrán   당연하다. 물론이다. 당연히. 물론
- [ ] **难道** nándào   설마…하겠는가?
- [ ] **为什么** wèishénme   왜. 어째서
- [ ] **妹妹** mèimei   여동생

본문

两个不认识的男人在一块儿聊天儿。一个问："你家有什么人？"

"我有爱人，是个女的。"

那个人笑了，说："当然是女的，难道能是男的吗？"

"为什么不能？我妹妹的爱人就是个男的。"

Liǎng ge bù rènshi de nánrén zài yīkuàir liáotiānr. Yī ge wèn："Nǐ jiā yǒu shénme rén?"

"Wǒ yǒu àiren, shì ge nǚ de."

Nà ge rén xiào le, shuō："Dāngrán shì nǚ de, nándào néng shì nán de ma?"

"Wèishénme bù néng? Wǒ mèimei de àiren jiù shì ge nán de."

鸡屎煎饼

 **새 단어**

☐	**鸡屎** jīshǐ	닭똥
☐	**煎饼** jiānbǐng	전병[옥수수나 밀가루 등을 얇게 지진 것에다 油条나 炒菜를 싸서 먹음]
☐	**日前** rìqián	일전. 며칠 전
☐	**摊** tān	노점. 펴다. 펼쳐놓다
☐	**鸡蛋** jīdàn	계란. 달걀
☐	**油条** yóutiáo	밀가루 반죽을 발효시켜 소금으로 간을 한 후, 길이 30cm 정도의 길쭉한 모양으로 만들어 기름에 튀긴 식품
☐	**摊主** tānzhǔ	노점상
☐	**面饼** miànbǐng	밀반죽하여 구운 빵의 일종
☐	**顺手** shùnshǒu	겸사겸사. 겸해서. 차제에
☐	**箱** xiāng	상자
☐	**只** zhī	개[일부 기물을 세는 단위]
☐	**然后** ránhòu	연후에. 그리고 나서. 그러한 후에
☐	**往** wǎng	…(을) 향해. …의 쪽으로

☐	平面 píngmiàn	평면
☐	铁板 tiěbǎn	철판
☐	敲 qiāo	치다. 때리다. 두드리다
☐	剥壳 bāoké	껍질을 벗기다. 껍질을 까다
☐	将 jiāng	…을. …를['把'처럼 목적어를 동사 앞으로 전치시킬 때 쓰임]
☐	流 liú	퍼뜨리다. 퍼지다
☐	不料 bùliào	뜻밖에. 의외에
☐	此时 cǐshí	이 때
☐	鸡蛋壳 jīdànké	계란껍질
☐	块 kuài	덩어리. 조각[덩어리 또는 조각 모양의 물건을 세는 데 쓰임]
☐	跌落 diēluò	떨어지다
☐	实在 shízài	확실히. 참으로
☐	令 lìng	…하여금 …하게 하다
☐	作呕 zuò'ǒu	구토하다. 구역질하다. 메스껍다
☐	讲 jiǎng	말하다. 설명하다
☐	屁股 pìgu	엉덩이
☐	一眼眼 yīyǎnyǎn	아주 조금. 아주 약간
☐	何必 hébì	하필[구태여]…할 필요가 있는가? …할 필요가 없다
☐	大惊小怪 dàjīng xiǎoguài	하찮은 일에 크게 놀라다
☐	随即 suíjí	즉시. 곧
☐	才 cái	비로소

본문

日前，邻居陈阿姨在安化路一煎饼摊买鸡蛋油条煎饼。女摊主摊好面饼，顺手鸡蛋箱里拿出一只鸡蛋，然后往煎饼的平面铁板一敲，剥壳将鸡蛋流在面饼上。

不料，此时鸡蛋壳上的一小块鸡屎跌落在面饼上，实在令人作呕。这时，陈阿姨对女摊主讲："鸡屎跌落在煎饼上，叫人怎么吃！"

谁知，女摊主回答道："鸡蛋从鸡屁股里生出来的，有一眼眼鸡屎，何必大惊小怪。" 随即把这只煎好的蛋饼递给陈阿姨。陈阿姨看着这只"鸡屎煎饼"，不知道怎么办才好。

Rìqián, línjū Chén āyí zài Ānhuà lù yī jiānbǐng tān mǎi jīdàn yóutiáo jiānbǐng. Nǚ tānzhǔ tān hǎo miànbǐng, shùnshǒu jīdàn xiāng li ná chū yī zhī jīdàn, ránhòu wǎng jiānbǐng de píngmiàn tiěbǎn yī qiāo, bāoké jiāng jīdàn liú zài miànbǐng shang.

Bùliào, cǐshí jīdànké shang de yī xiǎo kuài jīshǐ diēluò zài miànbǐng shang, shízài lìng rén zuò'ǒu. Zhè shí, Chén ā yí duì nǚ tānzhǔ jiǎng："Jīshǐ diēluò zài jiānbǐng shang, jiào rén zěnme chī!"

Shéi zhī, nǚ tānzhǔ huídá dào："Jīdàn cóng jī pìgu li shēng chūlái de, yǒu yīyǎnyǎn jīshǐ, hébì dàjīng xiǎoguài." Suíjí bǎ zhè zhī jiān hǎo de dànbǐng dì gěi Chén āyí. Chén āyí kàn zhe zhè zhī "jīshǐ jiānbǐng", bù zhīdào zěnme bàn cái hǎo.

구문 설명

1 你家有<u>什么</u>人?

어떤. 무슨. 어느.

의문을 나타낸다. 사물이나 사람을 가리키는 명사 앞에 놓여, 사물의 성질이나 사람의 직무·신분 등을 묻는다.

(1) 这是什么地方?

(2) 他喜欢什么工作?

2 难道能是男的吗?

설마…하겠는가?

반문의 어기를 강조한다. 문장의 끝에 '吗'나 '不成'이 붙는다.

(1) 妹妹的爱人难道能是女的吗?

(2) 大家都有工作, 难道你没有工作吗?

(3) 我们都认识他, 你难道不认识吗?

1 然后往煎饼的平面铁板一敲, 剥壳<u>将</u>鸡蛋流在面饼上。

…을. …를.

'把'처럼 목적어를 동사 앞으로 전치시킬 때 쓰인다. 문어체에 주로 쓰인다.

> (1) 将门关上。
> (2) 他将钱和药方交给了我。

2 实在<u>令</u>人作呕。

…하게 하다. …을 시키다. 사역(使役)의 의미로 쓰인다.

> (1) 令人深思。
> (2) 令人鼓舞。

3 鸡蛋<u>从</u>鸡屁股里生出来的。

…(로)부터.
장소나 출처를 나타낸다. 처소사, 방위사 등과 함께 쓰인다.

> (1) 我刚从农村回来。
> (2) 从哪儿来?

4 有一眼眼鸡屎，<u>何必</u>大惊小怪。

하필[구태여] …할 필요가 있는가? …할 필요가 없다.
반문의 어기를 나타낸다.

> (1) 路又不远，何必坐车呢?
> (2) 何必这么客气。

연습 문제

1. 괄호 안에 들어갈 알맞은 글자를 써넣으시오.

1) 妻子(　　　)脾气了，她(　　　)丈夫生气地说："当初我是瞎了眼睛嫁(给)你……"

2) 儿子(　　　)一旁，望了望妈妈的眼睛。

3) 儿子说："妈，原来你以前是(　　　)人，现在好了，嫁给爸爸以后，眼睛好了，亮了……"

4) 两个不认识的男人在一(　　　)儿聊天儿。一个问："你家(　　　)什么人？"

5) 那个人笑了，说："当然是女的，难(　　　)能是男的吗？"

6) 日前，邻(　　　)陈阿姨在安化路一煎饼摊买鸡蛋油条煎饼。

7) 女摊主摊好面饼，顺手鸡蛋箱里拿出一(　　　)鸡蛋，然后(　　　)煎饼的平面铁板一敲，剥壳将鸡蛋流(　　　)面饼上。

8) 不料，此时鸡蛋壳上的一小(　　　)鸡屎跌落在面饼上，实在(　　　)人作呕。

9) 这时，陈阿姨(　　　)女摊主讲："鸡屎跌落在煎饼上，叫人怎么吃!"

10) 谁知，女摊主回答道："鸡蛋(　　　)鸡屁股里生出来的，有一眼眼鸡屎，何必大(　　　)小怪。"

11) 随即把这只煎好的蛋饼递(　　　)陈阿姨。

12) 陈阿姨看着这只"鸡屎煎饼"，不知道怎么办(　　　)好。

2. 다음 병음을 중국어로 옮기시오.

1) Qīzi fāpíqì le, tā duì zhàngfu shēngqì de shuō："Dāngchū wǒ shì xiā
   le yǎnjing jià gěi nǐ……"

   ▶ _____

   _____

2) "Mā, yuánlái nǐ yǐqián shì mángrén, xiànzài hǎo le, jià gěi bàba yǐhòu,
   yǎnjing hǎo le, liàng le……"

   ▶ _____

   _____

3) Liǎng ge bù rènshi de nánrén zài yīkuàir liáotiānr.

   ▶ _____

4) Yī ge wèn："Nǐ jiā yǒu shénme rén?"

   ▶ _____

5) Dāngrán shì nǚ de, nándào néng shì nán de ma?

   ▶ _____

6) Rìqián, línjū Chén āyí zài Ānhuà lù yī jiānbǐng tān mǎi jīdàn yóutiáo
   jiānbǐng.

   ▶ _____

   _____

7) Bùliào, cǐshí jīdànké shang de yī xiǎo kuài jīshǐ diēluò zài miànbǐng shang, shízài lìng rén zuò'ǒu.

   ➡ _____

   _____

8) Jīshǐ diēluò zài jiānbǐng shang, jiào rén zěnme chī!

   ➡ _____

9) Jīdàn cóng jī pìgu li shēng chūlái de, yǒu yīyǎnyǎn jīshǐ, hébì dàjīng xiǎoguài.

   ➡ _____

   _____

10) Suíjí bǎ zhè zhī jiān hǎo de dànbǐng dì gěi Chén āyí.

   ➡ _____

MEMO

제4과

Step 1　挑选女婿

 **새 단어**

☐ **挑选** tiāoxuǎn　　　　선택하다. 고르다. 뽑다

☐ **女婿** nǚxu　　　　사위

☐ **古董商** gǔdǒngshāng　　골동품상

☐ **新闻记者** xīnwén jìzhě　신문 기자

☐ **拿不定** ná bu dìng　　주저하다. 결정하지 못하다

☐ **主意** zhǔyi　　　　방법. 생각. 아이디어. 의견. 견해. 결심

☐ **选** xuǎn　　　　선택하다. 고르다. 뽑다

☐ **傻** shǎ　　　　어리석다. 우둔하다. 멍청하다. 미련하다

☐ **丫头** yātou　　　　계집아이. 여자 아이

☐ **喜旧厌新** xǐjiù yànxīn　오래된 것을 좋아하고, 새로운 것을 싫어
　　　　　　　　　　하다

☐ **喜新厌旧** xǐxīn yànjiù　새로운 것를 좋아하고, 오래된 것을 싫어
　　　　　　　　　　하다

본문

　　婷婷有两个男朋友，一个是古董商，一个是新闻记者。婷婷拿不定主意选哪一个作丈夫，于是去问她的母亲。

　　婷婷："妈，两个中我该选哪一个好呢？"

　　母亲："当然是古董商啊！"

　　婷婷："为什么？"

　　母亲："傻丫头，你不知道，古董商是喜旧厌新，而新闻记者是喜新厌旧……"

　　Tíngtíng yǒu liǎng ge nán péngyou, yī ge shì gǔdǒngshāng, yī ge shì xīnwén jìzhě. Tíngtíng ná bu dìng zhǔyi xuǎn nǎ yī ge zuò zhàngfu, yúshì qù wèn tā de mǔqīn.

　　Tíngtíng："Mā, liǎng ge zhōng wǒ gāi xuǎn nǎ yī ge hǎo ne?"

　　Mǔqīn："Dāngrán shì gǔdǒngshāng ā!"

　　Tíngtíng："Wèishénme?"

　　Mǔqīn："Shǎ yātou, nǐ bù zhīdào, gǔdǒngshāng shì xǐjiù yànxīn, ér xīnwén jìzhě shì xǐxīn yànjiù……"

脏学生

 **새 단어**

☐	脏 zāng	더럽다. 지저분하다
☐	下午 xiàwǔ	오후
☐	小学校 xiǎoxuéxiào	초등학교
☐	老师 lǎoshī	선생님
☐	遇到 yùdào	만나다. 마주치다
☐	太 tài	몹시. 너무
☐	嘴 zuǐ	입
☐	脸 liǎn	얼굴
☐	知道 zhīdào	알다
☐	中午 zhōngwǔ	정오. 낮
☐	吃 chī	먹다
☐	今天 jīntiān	오늘
☐	午饭 wǔfàn	점심(밥). 오찬
☐	麻酱 májiàng	깨로 만든 된장. 깨 소스
☐	面 miàn	국수

- [ ] **对** duì   맞다
- [ ] **回答** huídá   대답하다
- [ ] **错** cuò   틀리다
- [ ] **昨天** zuótiān   어제

본문

> 　　一天下午，在小学校里，老师遇到一个学生。老师说："你太脏了！看见你的嘴和脸，就知道你中午吃了什么……今天午饭，你吃的是麻酱面，对吧?"
>
> 　　学生回答说："老师，您错了，我是昨天吃的麻酱面。"

한어병음

　　Yìtiān xiàwǔ, zài xiǎoxuéxiào li, lǎoshī yùdào yī ge xuésheng. Lǎoshī shuō: "Nǐ tài zāng le! Kàn jiàn nǐ de zuǐ hé liǎn, jiù zhīdào nǐ zhōngwǔ chī le shénme……jīntiān wǔfàn, nǐ chī de shì májiàng miàn, duì ba?"

　　Xuésheng huídá shuō : "Lǎoshī, nín cuò le, wǒ shì zuótiān chī de májiàng miàn."

千里香

새 단어

☐	**千里香** qiānlǐxiāng	천리향. 천리까지 향기가 퍼지다
☐	**最近** zuìjìn	최근. 요즘. 일간
☐	**小区** xiǎoqū	동네
☐	**馄饨** húntún	훈툰. 혼돈. 혼돈자[얇은 밀가루 피에 고기소를 넣고 싸서 찌거나 끓여서 먹는 음식]
☐	**拉** lā	끌다. 당기다
☐	**横幅** héngfú	플래카드. 가로로 쓴 그림·표어 따위
☐	**前天** qiántiān	그저께
☐	**中午** zhōngwǔ	정오. 낮
☐	**带** dài	데리다. 이끌다. 인솔하다
☐	**读** dú	공부하다. 학교에 가다
☐	**小学** xiǎoxué	초등학교
☐	**孙子** sūnzi	손자
☐	**要** yào	요구하다. 청구하다
☐	**碗** wǎn	그릇
☐	**有滋有味** yǒuzī yǒuwèi	(요리가) 매우 맛있다. 맛이 좋다
☐	**过来** guòlái	(말하는 사람 또는 서술의 대상 쪽으로) 건너오다

☐	收 shōu	거두다. 거두어들이다. 치우다
☐	碗筷 wǎnkuài	밥공기와 젓가락
☐	便 biàn	곧. 즉시. 바로
☐	问 wèn	묻다
☐	闻不到 wén bu dào	(냄새를) 맡을 수 없다
☐	香味 xiāngwèi	향기와 맛. 향기
☐	呆 dāi	멍하다. 어리둥절하다
☐	笑眯眯 xiàomīmī	빙그레 웃는 모양. 눈을 가늘게 뜨고 미소 짓는 모양
☐	喔唷 wōyō	아니! 아이고! [놀람이나 고통을 나타냄]
☐	千里 qiānlǐ	천리. 아주 먼 거리〔길〕
☐	之外 zhīwài	…의 밖
☐	离 lí	분리하다. 분산하다. 갈라지다. 떠나다. 헤어지다
☐	当然 dāngrán	당연하다. 물론이다. 당연히. 물론
☐	如坠云雾 rúzhuì yúnwù	운무 속에 앉아 있는 것 같다. 막연하여 갈피를 잡을 수 없다
☐	一旁 yīpáng	옆. 곁. 부근
☐	食客 shíkè	식사하러 식당에 온 손님
☐	高论 gāolùn	훌륭한 의론
☐	连呼 liánhū	연거푸 외치다
☐	报 bào	전하다. 보내다
☐	一阵 yīzhèn	한바탕. 한번[동작이나 상황이 계속되는 시간]
☐	哈哈大笑 hāhā dàxiào	하하거리며 크게 웃다

본문

　　最近，小区新开了家馄饨店。店门前拉起横幅，上面写着："千里香馄饨王。"

　　前天中午，付老太带着读小学的小孙子，一起来到这家馄饨店，要了两碗馄饨。老太正吃得有滋有味时，小孙子看到一位服务小姐过来在桌上收碗筷。便问："阿姨，这千里香馄饨，我怎么一点都闻不到香味?"

　　服务小姐被孩子一问，呆了一下。然后笑眯眯地对孩子说："喔唷，小朋友，千里香的意思，是在千里之外，才能闻到香味，你离得这么近，当然闻不到香味!"

　　孩子一听如坠云雾。一旁桌上几位食客，听了这位服务员的高论，连呼"高! 高! 并报以一阵哈哈大笑。

한어병음

　　Zuìjìn, xiǎoqū xīn kāi le jiā húntúndiàn. Diàn ménqián lā qǐ héngfú, shàngmian xiě zhe："Qiānlǐxiāng húntúnwáng."

　　Qiántiān zhōngwǔ, Fù lǎotài dài zhe dú xiǎoxué de xiǎo sūnzi, yìqǐ láidào zhè jiā húntúndiàn, yào le liǎng wǎn húntún. Lǎotài zhèng chī de yǒuzī yǒuwèi shí, xiǎo sūnzi kàn dào yī wèi fúwù xiǎojiě guòlái zài zhuō shang shōu wǎnkuài. Biàn wèn："Āyí, zhè qiānlǐxiāng húntún, wǒ zěnme yìdiǎn dōu wén bu dào xiāngwèi?"

　　Fúwù xiǎojiě bèi háizi yī wèn, dāi le yīxià. Ránhòu xiàomīmī de duì háizi shuō："Wōyō, xiǎo péngyou, qiānlǐxiāng de yìsi, shì zài qiānlǐ zhīwài, cái néng wén dào xiāngwèi, nǐ lí de zhème jìn, dāngrán wén bu dào xiāngwèi!"

　　Háizi yī tīng rúzhuì yúnwù. Yìpáng zhuō shang jǐ wèi shíkè, tīng le zhè wèi fúwùyuán de gāolùn, liánhū "Gāo! Gāo! Bìng bào yǐ yīzhèn hāhā dàxiào.

구문 설명

1 老师说 : 你<u>太</u>脏<u>了</u>!

너무. 몹시. 지나치게.
'太＋동사/형용사＋了'의 형태로 쓰여, 정도가 일정한 한도를 지나친 것을 나타낸다.

    (1) 太大了。
    (2) 写得太简单了。
    (3) 你太相信他了。

2 你吃的是麻酱面，对<u>吧</u>?

1) 명령문의 끝에 쓰여 명령, 청유, 재촉, 건의 등을 표시한다.

    (1) 我的行李太多，请您帮帮忙吧!
    (2) 快要上课了，我们快点儿走吧!

2) 의문문의 끝에 쓰인다. 이러한 의문문은 단순한 질문이 아니라, 추측의 어기를 담고 있다.

    (1) A : 你会说英文吧? 我看你常跟英国同学在一起。
        B : 不，我不会说英文，我们都说中文。
    (2) A : 他是翻译吧?
        B : 您说对了，他是翻译。

1 老太正吃<u>得</u>有滋有味。

동사나 형용사의 뒤에 쓰여, 정도를 표시하는 보어를 연결시키는 기능을 한다. 기본 구조는 '동/형＋得＋보어'이다.

   (1) 写得非常好。
   (2) 天气热得很。

2 我怎么<u>一点</u>都闻不到香味？

조금.
수량이 적거나 명확하지 않음을 나타낸다. '不, 没' 앞에 써서 완전한 부정을 의미한다. '一点儿'과 '不, 没' 사이에 '也, 都'를 넣을 수도 있다.

   (1) 一点(儿)空儿都没有。
   (2) 周围一点(儿)声音也没有。

3 千里香的意思，是在千里之外，<u>才</u>能闻到香味。

비로소.
어떤 조건·상황 하에 일·동작이 행해지는 것을 표시한다. 특정 조건 하에서 또는 어떤 목적·원인으로 인해 어떻게 되었음을 나타낸다.

   (1) 老师给我讲了半天，我才明白了。
   (2) 要多练习，才能提高成绩。

 **연습 문제**

1. 괄호 안에 들어갈 알맞은 글자를 써넣으시오.

1) 婷婷有两个男朋友，一个是古董商，一个是新(　　　)记者。

2) 婷婷拿不定主(　　　)选哪一个作丈夫，于是去问她的母亲。

3) 婷婷："妈，两个(　　　)我该选哪一个好呢？"

4) 母亲："傻丫头，你不知道，古董商是喜(　　　)厌(　　　)，而新闻
   记者是喜(　　　)厌(　　　)……"

5) 一天下午，(　　　)小学校里，老师遇(　　　)一个学生。

6) 老师说你太脏(　　　)! 看见你的嘴(　　　)脸，就知道你中午吃了什
   么……今天午饭，你吃的是麻酱面，对(　　　)?

7) 学生回答说："老师，您错了，我是昨天吃(　　　)麻酱面。"

8) 前天中午，付老太带着(　　　)小学的小孙子，一起来到这(　　　)
   馄饨店，要了两(　　　)馄饨。

9) 老太正吃得有(　　　)有(　　　)时，小孙子看到一位服务小姐过来
   在桌上(　　　)碗筷。

10) 便问："阿姨，这千里香馄饨，我怎么一点(　　　)闻不到香味?"

11) 服务小姐(　　　)孩子一问，呆了一下。然后笑眯眯地(　　　)孩子
   说："喔唷，小朋友，千里香的意思，是在千里之外，(　　　)能闻
   到香味，你离得这么近，当然闻不到香味!"

12) 孩子一听如坠云雾。一旁桌上几位食客，听了这位服务员的高论，
   连呼"高! 高! 并报以一(　　　)哈哈大笑。

2. 다음 병음을 중국어로 옮기시오.

1) Yī ge shì gǔdǒngshāng, yī ge shì xīnwén jìzhě.

   ➡ _____

2) Mā, liǎng ge zhōng wǒ gāi xuǎn nǎ yī ge hǎo ne?

   ➡ _____

3) "Shǎ yātou, nǐ bù zhīdào, gǔdǒngshāng shì xǐjiù yànxīn, ér xīnwén jìzhě shì xǐxīn yànjiù……"

   ➡ _____

   _____

4) Yītiān xiàwǔ, zài xiǎoxuéxiào li, lǎoshī yùdào yī ge xuésheng.

   ➡ _____

5) Lǎoshī shuō: "Nǐ tài zāng le!"

   ➡ _____

6) Lǎoshī, nín cuò le, wǒ shì zuótiān chī de májiàng miàn.

   ➡ _____

7) Zuìjìn, xiǎoqū xīn kāi le jiā húntúndiàn.

   ➡ _____

8) Lǎotài zhèng chī de yǒuzī yǒuwèi shí, xiǎo sūnzi kàn dào yī wèi fúwù
   xiǎojiě guòlái zài zhuō shang shōu wǎnkuài.

   ▶ _____

   _____

9) Fúwù xiǎojiě bèi háizi yī wèn, dāi le yīxià.

   ▶ _____

10) Háizi yī tīng rúzhuì yúnwù.

   ▶ _____

11) Bìng bào yǐ yīzhèn hāhā dàxiào.

   ▶ _____

제5과

先生

 **새 단어**

☐	**先生** xiānsheng	씨[성인 남성에 대한 경칭] 선생님[학문이나 명성이 높은, 자기보다 나이가 많은 사람에 대한 경칭] 남편[다른 사람의 남편 또는 자신의 남 편에 대한 호칭. 반드시 앞에 인칭대명 사가 옴]
☐	**地球** dìqiú	지구
☐	**当然** dāngrán	당연히
☐	**称呼** chēnghu	…(이)라고 부르다〔일컫다〕
☐	**证明** zhèngmíng	증서. 증명서. 증명하다

본문

儿子: "爸爸，地球上是先有女人还是先有男人?"

爸爸: "当然先有男人。"

儿子: "你怎么知道?"

爸爸: "男人被人称呼为先生就是证明。先生先生，就是男人比女人先生出来么。"

Érzi : "Bàba, dìqiú shang shì xiān yǒu nǚrén háishi xiān yǒu nánrén?"

Bàba: "Dāngrán xiān yǒu nánrén."

Érzi : "Nǐ zěnme zhīdào?"

Bàba: "Nánrén bèi rén chēnghu wéi xiānsheng jiùshi zhèngmíng. Xiānsheng xiānsheg, jiùshi nánrén bǐ nǚrén xiān shēng chūlái me."

找妈妈

 새 단어

☐	**找** zhǎo	찾다
☐	**妈妈** māma	엄마
☐	**孩子** háizi	아동. 아이
☐	**学校** xuéxiào	학교
☐	**工作** gōngzuò	일하다
☐	**客气** kèqi	예의바르다. 정중하다
☐	**对不起** duìbuqǐ	미안하다
☐	**姓** xìng	성이…이다. …을 성으로 하다
☐	**叫** jiào	…라고 부르다. (이름을)…라고 하다
☐	**什么** shénme	무엇
☐	**爸爸** bàba	아빠
☐	**姥姥** lǎolao	외할머니
☐	**女儿** nǚ'ér	딸

본문

一个孩子的妈妈在学校工作。有一天，他到学校找妈妈。他很客气地说：“对不起，我找妈妈……”

“你妈妈姓什么?”

“她姓张。”

“她叫什么名字?”

“我叫她‘妈妈’。”

“你家还有谁?”

“有爸爸和姥姥。”

“你姥姥叫她什么?”

“姥姥叫她‘女儿’。”

“你爸爸叫她什么?”

“我爸爸叫她‘孩子妈’。”

Yī ge háizi de māma zài xuéxiào gōngzuò. Yǒu yītiān, tā dào xuéxiào zhǎo māma. Tā hěn kèqi de shuō："Duìbuqǐ, wǒ zhǎo māma……"

"Nǐ māma xìng shénme?"

"Tā xìng Zhāng."

"Tā jiào shénme míngzi?"

"Wǒ jiào tā 'māma'."

"Nǐ jiā hái yǒu shuí?"

"Yǒu bàba hé lǎolao."

"Nǐ lǎolao jiào tā shénme?"

"Lǎolao jiào tā 'nǚ'ér'."

"Nǐ bàba jiào tā shénme?"

"Wǒ bàba jiào tā 'háizi mā'."

米虫有营养

 새 단어

☐	**米虫** mǐchóng	쌀벌레
☐	**营养** yíngyǎng	영양. 양분
☐	**偕** xié	함께. 같이
☐	**餐馆** cānguǎn	음식점. 식당
☐	**用餐** yòngcān	식사를 하다. 밥을 먹다
☐	**一连** yīlián	계속해서. 잇달아. 연이어
☐	**条** tiáo	가늘고 긴 것이나, 가늘고 긴 느낌이 있는 유형·무형의 것에 널리 쓰이는 양사
☐	**便** biàn	곧. 즉시. 바로
☐	**交涉** jiāoshè	관련하다. 관계하다. 교섭하다
☐	**哈哈** hāhā	하하[웃는 소리]
☐	**一笑** yīxiào	미소 짓다. 빙긋이 웃다
☐	**不以为然** bùyǐwéirán	그렇다고는 생각하지 않다
☐	**啥** shá	무엇. 무슨. 어느
☐	**大惊小怪** dàjīng xiǎoguài	하찮은 일에 크게 놀라다

☐	因为 yīnwèi	···때문에. ···에 의하여. 왜냐하면···때문이다
☐	长大 zhǎngdà	자라다. 성장하다
☐	像 xiàng	···와 같다
☐	冬虫夏草 dōngchóng xiàcǎo	동충하초
☐	一样 yīyàng	같다. 동일하다
☐	补 bǔ	보양하다. 자양하다
☐	身体 shēntǐ	몸. 신체
☐	哩 li	용법이 표준어의 '呢'와 같으나, 일반적으로 의문문에는 쓰이지 않음
☐	番 fān	번. 차례. 바탕
☐	奇谈怪论 qítán guàilùn	신기한 이야기. 기이한 견해
☐	竟然 jìngrán	뜻밖에도. 의외로. 상상 외로. 놀랍게도
☐	留给 liúgěi	···에게 남기다. 남겨주다
☐	见识 jiànshí	견문을 넓히다
☐	厚颜无耻 hòuyán wúchǐ	후안무치. 뻔뻔스러워 부끄러워 할 줄 모르다

前几天，偕朋友一起到一家餐馆用餐。朋友在吃饭时一连发现了两条米虫，便去找店主交涉。男店主见了哈哈一笑，不以为然地说："吃到几条米虫有啥大惊小怪的，你知道不知道，米虫是有营养的，因为它是吃米长大的，就像冬虫夏草一样，吃了好补身体哩！"

听了男店主的这番奇谈怪论，我就说这么有营养的东西，你还是自己吃吧。他听了这番话，竟然说："不不，好东西还是留给客人吃。" 真没有见识过世界上还有这么厚颜无耻的人。

한어병음

Qián jǐ tiān, xié péngyou yīqǐ dào yī jiā cānguǎn yòngcān. Péngyou zài chī fàn shí yīlián fāxiàn le liǎng tiáo mǐchóng, biàn qù zhǎo diànzhǔ jiāoshè. Nán diànzhǔ jiàn le hāhā yīxiào, bùyǐwéirán de shuō："Chī dào jǐ tiáo mǐchóng yǒu shá dàjīng xiǎoguài de, nǐ zhīdào bù zhīdào, mǐchóng shì yǒu yíngyǎng de, yīnwèi tā shì chī mǐ zhǎngdà de, jiù xiàng dōngchóng xiàcǎo yīyàng, chī le hǎo bǔ shēntǐ li!"

Tīng le nán diànzhǔ de zhè fān qítán guàilùn, wǒ jiù shuō zhème yǒu yíngyǎng de dōngxi, nǐ háishi zìjǐ chī ba. Tā tīng le zhè fān huà, jìngrán shuō："Bù bù, hǎo dōngxi háishi liúgěi kèrén chī." Zhēn méiyǒu jiànshí guo shìjiè shang hái yǒu zhème hòuyán wúchǐ de rén.

구문 설명

Step 2 구문 설명

1 **他很客气地说：**

'地'자구로 쓰여, 동사나 형용사를 수식한다.

(1) 兴奋地说。

(2) 着重地谈谈这个问题。

2 **她叫什么名字?**

1) 이름은…이다.

반드시 명사 목적어를 수반해야한다.

(1) 我叫刘文生。

(2) 他有个儿子，叫王强。

2) …라고 부르다.

반드시 이중목적어를 가진다.

(1) 他姓王，我们叫他老王。

(2) A：他是谁?

　　B：他是我弟弟，你叫他小张吧。

Step 3 구문 설명

1   朋友在吃饭时一连发现了两条米虫，<u>便</u>去找店主交涉。

곧. 즉시. 바로. …하자마자. …하면. …하고는.
두 가지 사건이 연달아 발생함을 나타낸다. 주로 문어체에 쓰인다.

> (1) 说了便做。
> (2) 天一亮他便下地去了。

2   因为它是吃米长大的，就<u>像</u>冬虫夏草一样，吃了好补身体哩!

마치 …와 같다.
'似的, 一样, 一般' 등과 호응한다.

> (1) 老人疼我像疼自己的儿子一样。
> (2) 我像在哪儿见过他(似的)，可是想不起来了。

3   好东西<u>还是</u>留给客人吃。

'…하는 편이 (더) 좋다'는 뜻을 나타낸다.
비교, 사고를 거쳐 어떤 선택을 하였음을 나타낸다. '还是'는 선택한
내용을 이끈다.

> (1) 我看还是去颐和园吧，十三陵太远。
> (2) 天气凉了，还是多穿点儿吧。

연습 문제

1. 괄호 안에 들어갈 알맞은 글자를 써넣으시오.

1) 爸爸，地球上是先有女人(　　　)是先有男人？

2) 男人(　　　)人称呼(　　　)先生就是证明。

3) 先生先生，就是男人(　　　)女人先生出来么。

4) 一个孩子的妈妈(　　　)学校工作。

5) 他很客气(　　　)说：“对不起，我找妈妈……”

6) 她(　　　)什么名字？

7) 偕朋友一起到一(　　　)餐馆用餐。

8) 朋友在吃饭时一连发(　　　)了两(　　　)米虫，便去找店主交涉。

9) 男店主见了哈哈一(　　　)，不以为然地说：“吃到几条米虫有啥大
(　　　)小(　　　)的，

10) 你知道不知道，米虫是有营(　　　)的，因为它是吃米长(　　　)
的，就像冬(　　　)夏(　　　)一样，吃了好(　　　)身体哩!”

11) 听了男店主的这番(　　　)谈(　　　)论，我就说这么有营养的东
西，你还是自己吃吧。

12) 他听了这(　　　)话，竟(　　　)说：“不不，好东西还是留(　　　)
客人吃。”

13) 真没有见识过世界上还有这么厚颜无(　　　)的人。

2. 다음 병음을 중국어로 옮기시오.

1) Bàba, dìqiú shang shì xiān yǒu nǚrén háishi xiān yǒu nánrén?

   ▶ _____

2) Nánrén bèi rén chēnghu wéi xiānsheng jiùshi zhèngmíng.

   ▶ _____

3) Yī ge háizi de māma zài xuéxiào gōngzuò.

   ▶ _____

4) Tā hěn kèqi de shuō："Duìbuqǐ, wǒ zhǎo māma……"

   ▶ _____

5) Tā jiào shénme míngzi?

   ▶ _____

6) Péngyou zài chī fàn shí yīlián fāxiàn le liǎng tiáo mǐchóng, biàn qù zhǎo diànzhǔ jiāoshè.

   ▶ _____

   _____

7) Mǐchóng shì yǒu yíngyǎng de, yīnwèi tā shi chī mǐ zhǎngdà de, jiù xiàng dōngchóng xiàcǎo yīyàng, chī le hǎo bǔ shēntǐ li!

   ▶ _____

   _____

8) Tīng le nán diànzhǔ de zhè fān qítán guàilùn, wǒ jiù shuō zhème yǒu yíngyǎng de dōngxi, nǐ háishi zìjǐ chī ba.

➡ _____

_____

9) Bù bù, hǎo dōngxi háishi liúgěi kèrén chī.

➡ _____

10) Zhēn méiyǒu jiànshí guo shìjiè shang hái yǒu zhème hòuyán wúchǐ de rén.

➡ _____

_____

제6과

笑不出声

 **새 단어**

☐	出声 chūshēng	소리를 내다
☐	笑话 xiàohuà	우스운 이야기. 우스갯소리. 농담
☐	幽默 yōumò	유머
☐	不同 bùtóng	같지 않다. 다르다
☐	心里 xīnli	가슴속. 마음(속). 머릿속
☐	开心 kāixīn	기쁘다. 즐겁다. 좋다. 유쾌하다
☐	好笑 hǎoxiào	우습다. 웃긴다. 재미있다
☐	奶奶 nǎinai	할머니
☐	乡下 xiāngxia	시골. 지방. 농촌. 촌
☐	老家 lǎojiā	고향 집. 고향

본문

小明：“妈妈，笑话与幽默有什么不同?”

妈妈：“说出来后，大家会笑出声的是笑话，只是心里很开心很好笑，不会笑出声的就是幽默。”

小明：“那我跟你讲个幽默，今天上午奶奶回乡下老家去了。”

Xiǎo míng："Māma, xiàohuà yǔ yōumò yǒu shénme bùtóng?"

Māma："Shuō chūlái hòu, dàjiā huì xiào chūshēng de shì xiàohuà, zhǐshì xīnli hěn kāixīn hěn hǎoxiào, bù huì xiào chūshēng de jiùshì yōumò."

Xiǎo míng："Nà wǒ gēn nǐ jiǎng ge yōumò, jīntiān shàngwǔ nǎinai huí xiāngxia lǎojiā qù le."

Step 2 离婚

새 단어

☐	**离婚** líhūn	이혼하다
☐	**女人** nǚrén	여자
☐	**法院** fǎyuàn	법원
☐	**要** yào	…하려고 하다
☐	**爱人** àiren	남편 또는 아내
☐	**结婚** jiéhūn	결혼하다
☐	**告诉** gàosu	알리다. 말하다
☐	**只** zhǐ	다만. 단지
☐	**爱** ài	사랑하다
☐	**现在** xiànzài	지금. 이제. 현재
☐	**才** cái	(…에야) 비로소
☐	**别人** biérén	남. 타인

본문

　　一个女人到法院去，她说要跟爱人离婚。法院的人问她为什么要离婚，她回答：

　　"我爱人在结婚的时候告诉我，只爱我一个人。现在我才知道，他还爱别人。"

　　"还爱谁?"法院的人问。

　　"他还爱他爸爸和妈妈。"

한어병음

　　Yī ge nǚrén dào fǎyuàn qù, tā shuō yào gēn àiren líhūn. Fǎyuàn de rén wèn tā wèishénme yào líhūn, tā huídá：

　　"Wǒ àiren zài jiéhūn de shíhou gàosu wǒ, zhǐ ài wǒ yī ge rén. Xiànzài wǒ cái zhīdào, tā hái ài biérén."

　　"Hái ài shuí ?" Fǎyuàn de rén wèn.

　　"Tā hái ài tā bàba hé māma."

Step 3　减肥

☐	减肥 jiǎnféi	다이어트
☐	大妈 dàmā	아주머님[나이 지긋한 부인을 높여서 정답게 부르는 말]
☐	户 hù	가구[집·가정·세대를 셀 때 씀]
☐	人家 rénjiā	집. 인가. 남. 타인
☐	总 zǒng	늘. 줄곧. 언제나. 내내
☐	发出 fāchū	(소리 등을) 내다
☐	各种各样 gèzhǒng gèyàng	각종(의). 여러 가지
☐	响声 xiǎngshēng	소리. 동정. 기척
☐	脑袋 nǎodài	머리
☐	整天 zhěngtiān	온종일. 진종일. 꼬박 하루
☐	昏昏沉沉 hūnhūn chénchén	몽롱한 모양. 혼미한 모양. 의식이 없는 모양
☐	忍不住 rěnbuzhù	참을〔견딜〕 수 없다. 참지〔억제하지〕 못하다. …하지 않을 수 없다
☐	敲 qiāo	두드리다. 치다. 때리다

☐	**屋角** wūjiǎo	방(의) 구석
☐	**摆** bǎi	놓다. 벌려놓다. 배열하다. 진열하다. 배치하다
☐	**跑步器** pǎobùqì	런닝머신
☐	**躺** tǎng	(차량이나 물건 등을) 쓰러뜨리다. 눕히다
☐	**呼啦圈** hūlāquān	훌라후프
☐	**块** kuài	덩어리. 조각[덩어리 또는 조각 모양의 물건을 헤아리는 데 씀]
☐	**跳舞** tiàowǔ	춤을 추다
☐	**毯** tǎn	깔개. 담요. 모포
☐	**小心** xiǎoxīn	조심하다. 주의하다
☐	**提醒** tíxǐng	일깨우다. 깨우치다
☐	**当心** dāngxīn	조심하다. 주의하다
☐	**注意** zhùyì	조심하다. 주의하다
☐	**少妇** shàofù	젊은 부인
☐	**搭腔** dāqiāng	(상대편의 말에) 입을 열다. 응수(응답)하다. 대답하다. 이야기를 주고받다
☐	**喔哟** wōyō	아야! 어머나! 어이구! 아이고! [놀람, 고통 따위를 나타냄]
☐	**苦** kǔ	고통스럽다. 고생스럽다. 고되다. 괴롭다
☐	**再加** zàijiā	그 위에. 게다가
☐	**体重** tǐzhòng	체중
☐	**看来** kànlái	보기에. 보니까. 보아하니

☐	今后 jīnhòu	금후
☐	加大 jiādà	가하다. 크게 하다. (속도를) 내다
☐	运动量 yùndòngliàng	운동량
☐	误解 wùjiě	오해 (하다)
☐	意思 yìsi	뜻. 의미
☐	赶忙 gǎnmáng	서둘러. 급히. 재빨리. 얼른
☐	补充 bǔchōng	보충하다. 보완하다
☐	声响 shēngxiǎng	소리
☐	难受 nánshòu	(육체적, 정신적으로) 괴롭다. 참을 수 없다. 견딜 수 없다
☐	明显 míngxiǎn	뚜렷하다. 분명하다. 분명히 드러나다
☐	消瘦 xiāoshòu	(몸이) 여위다. 수척해지다
☐	苦练 kǔliàn	꾸준히〔열심히〕연습하다
☐	倒 dào	오히려. 도리어
☐	轻易 qīngyì	수월하게. 간단하게. 가볍게
☐	千金 qiānjīn	천금. 큰 돈
☐	老来 lǎolái	노후. 늘그막

본문

　　李大妈家住三楼。最近，四楼那户人家总会发出各种各样的响声，"嗵嗵嗵"，"嚓嚓嚓"，弄得李大妈脑袋整天昏昏沉沉。

　　这天晚上，李大妈忍不住上楼敲开了他家的门，只见屋角摆了跑步器，地上躺着呼啦圈，屋子中央是块跳舞毯……原来那些声音都是女主人减肥发出的。

　　李大妈小心地提醒道："你做减肥运动可要当心啊！要注意……"

　　可话还没讲完，少妇就搭上了腔："喔哟，减肥真是苦，我每天又是跑、又是转再加跳，可体重就是减不下来，看来今后还得加大运动量。"

　　李大妈一听她误解了自己的意思，赶忙补充说："你在上面练，弄出很大声响，我在楼下就难受了。这不，最近我明显消瘦了。"

　　少妇听了，笑着说："我苦练半天没减多少肉，你倒轻易减肥成功了。千金难买老来瘦，看来你还得感谢我呢！"

한어병음

Lǐ dàmā jiā zhù sān lóu. Zuìjìn, sì lóu nà hù rénjiā zǒng huì fāchū gèzhǒng gèyàng de xiǎngshēng, "tōng tōng tōng", "chā chā chā", nòng de Lǐ dàmā nǎodài zhěngtiān hūnhūn chénchén.

Zhè tiān wǎnshang, Lǐ dàmā rěnbuzhù shàng lóu qiāo kāi le tā jiā de mén, zhǐ jiàn wūjiǎo bǎi le pǎobùqì, dì shang tǎng zhe hūlāquān, wūzi zhōngyāng shì kuài tiàowǔ tǎn······yuánlái nà xiē shēngyīn dōu shì nǚ zhǔrén jiǎnféi fāchū de.

Lǐ dàmā xiǎoxīn de tíxǐng dào : "Nǐ zuò jiǎnféi yùndòng kě yào dāngxīn a! Yào zhùyì······"

Kě huà hái méi jiǎng wán, shàofù jiù dā shàng le qiāng : "Wōyō, jiǎnféi zhēnshì kǔ, wǒ měitiān yòu shì pǎo、yòu shì zhuàn zàijiā tiào, kě tǐzhòng jiù shì jiǎn bu xiàlái, kànlái jīnhòu hái děi jiādà yùndòngliàng."

Lǐ dàmā yī tīng tā wùjiě le zìjǐ de yìsi, gǎnmáng bǔchōng shuō : "Nǐ zài shàngmian liàn, nòng chū hěn dà shēngxiǎng, wǒ zài lóuxià jiù nánshòu le. Zhèbù, zuìjìn wǒ míngxiǎn xiāoshòu le."

Shàofù tīng le, xiào zhe shuō : "Wǒ kǔliàn bàntiān méi jiǎn duōshao ròu, nǐ dào qīngyì jiǎnféi chénggōng le. Qiānjīn nán mǎi lǎolái shòu, kànlái nǐ hái děi gǎnxiè wǒ ne!"

구문 설명

Step 2 구문 설명

1 **法院的人问她为什么<u>要</u>离婚。**

…하려고 하다.

어떤 일에 대한 의지를 나타낸다.

    (1) 我要学游泳。

    (2) 你要看吗?

2 **他<u>还</u>爱别人。**

1) 또. 더.

수량이나 항목이 증가하거나 범위가 많아짐을 나타낸다.

    (1) 他带了不少衣服, 还带了一个照相机。

    (2) 我们游览了北海、颐和园, 还去了长城。

2) 아직도. 여전히.

동작이나 상태가 지속됨을 나타낸다.

    (1) 已经十点了, 老王还没来。

    (2) 北京现在还不太热。

Step 3 구문 설명

1 **最近，四楼那户人家<u>总</u>会发出各种各样的响声**。

늘. 줄곧. 언제나. 내내.
지속적이고 변화하지 않음을 나타낸다.

(1) 中秋节的月亮，总(是)那么明亮。
(2) 一再相劝，他总(是)不听。

2 **李大妈忍不<u>住</u>上楼敲开了他家的门**。

결과보어로 쓰인다.
'得', '不'를 넣어 고정된 구를 만든다. 일부는 이미 단어로 굳어졌다.

(1) 这人靠得住。
(2) 温室里的花朵禁不住风吹雨打。

3 **李大妈小心<u>地</u>提醒道**。

'地'자구로 쓰여, 동사나 형용사를 수식한다.

(1) 兴奋地说。
(2) 着重地谈谈这个问题。

4 **<u>原来</u>那些声音都是女主人减肥发出的**。

알고 보니.
어떤 사실을 알게 되었음(실제 상황을 알아냈음)을 나타낸다. 주어의 앞이나 뒤에 올 수 있다.

    (1) 原来他们并没走，我还以为他们走了。

    (2) 这屋怎么这么安静，原来没人。

 **연습 문제**

1. 괄호 안에 들어갈 알맞은 글자를 써넣으시오.

1) 妈妈，笑话(   )幽默有什么不(   )?

2) 小明："那我(   )你讲个幽默，今天上午奶奶回乡下老家去了。"

3) 一个女人(   )法院去，她说要(   )爱人离婚。

4) 我爱人(   )结婚的时候告(   )我，只爱我一个人。现在我才
   知道，他(   )爱别人。

5) 最近，四楼那户人家总会发出各(   )各(   )的响声，"嗵嗵
   嗵"，"嚓嚓嚓"，弄得李大妈脑(   )整天昏昏沉沉。

6) 李大妈忍不(   )上楼敲开了他家的门，只见屋角摆了跑步器，地
   上躺着呼啦圈，屋子中央是(   )跳舞毯……原来那些声音都是女
   主人减肥发出的。

7) 李大妈小心地提(   )道："你做减肥运动可要当心啊! 要注(   )
   ……"

8) 可话还没讲完，少妇就搭上了(   )："喔哟，减肥真是苦，我每
   天又是跑、又是转再(   )跳，可体重就是减不下来，看来今后还
   得加(   )运动量。"

9) 李大妈一听她误(   )了自己的意思，赶忙补充说："你在上面
   练，弄出很大声响，我在楼下就难(   )了。

10) 我苦练半天没减多少肉，你(   )轻易减肥成(   )了。

11) 千金难买老来瘦，看来你还得感(   )我呢!

2. 다음 병음을 중국어로 옮기시오.

1) Māma, xiàohuà yǔ yōumò yǒu shénme bùtóng?

   ▶ _____

2) Nà wǒ gēn nǐ jiǎng ge yōumò, jīntiān shàngwǔ nǎinai huí xiāngxia lǎojiā qù le.

   ▶ _____

   _____

3) Yī ge nǚrén dào fǎyuàn qù, tā shuō yào gēn àiren líhūn.

   ▶ _____

4) Wǒ àiren zài jiéhūn de shíhou gàosu wǒ, zhǐ ài wǒ yī ge rén.

   ▶ _____

5) Xiànzài wǒ cái zhīdào, tā hái ài biérén.

   ▶ _____

6) Lǐ dàmā jiā zhù sān lóu.

   ▶ _____

7) Lǐ dàmā rěnbuzhù shàng lóu qiāo kāi le tā jiā de mén, zhǐ jiàn wūjiǎo bǎi le pǎobùqì, dì shang tǎng zhe hūlāquān, wūzi zhōngyāng shì kuài tiàowǔ tǎn······.

   ▶ _____

   _____

8) Nǐ zuò jiǎnféi yùndòng kě yào dāngxīn ā! Yào zhùyì…….

   ▶ _____

9) Nǐ zài shàngmian liàn, nòng chū hěn dà shēngxiǎng, wǒ zài lóuxià jiù

   nánshòu le. Zhèbù, zuìjìn wǒ míngxiǎn xiāoshòu le.

   ▶ _____

   _____

10) Wǒ kǔliàn bàntiān méi jiǎn duōshao ròu, nǐ dào qīngyì jiǎnféi chénggōng

   le.

   ▶ _____

   _____

11) Qiānjīn nán mǎi lǎolái shòu, kànlái nǐ hái děi gǎnxiè wǒ ne!

   ▶ _____

제7과

防范措施

 새 단어

☐	**防范** fángfàn	방비하다. 경비하다. 경계하다
☐	**措施** cuòshī	조치. 대책
☐	**报纸** bàozhǐ	신문
☐	**登** dēng	기재하다. 게재하다
☐	**则** zé	조항. 문제. 편. 토막[조목으로 나누어진 것이나 단락을 이루는 문장의 수를 표시하는 데 쓰임]
☐	**新闻** xīnwén	(매스컴의) 뉴스
☐	**某** mǒu	어느. 아무. 모[불특정한 사람·사물을 가리킴]
☐	**男士** nánshì	남성분. 신사[성년 남자에 대한 존칭. 주로 공식적인 장소에서 쓰임]
☐	**经常** jīngcháng	언제나. 늘. 항상. 자주. 종종
☐	**搜查** sōuchá	(범인·금지된 물품 등을) 검색하다. 수색하다. 뒤지어 찾다. 수사하다
☐	**口袋** kǒudai	주머니. 호주머니

☐	**愤然** fènrán	성을〔화를〕내는 모양. 발끈〔벌컥·왈칵〕하다
☐	**离婚** líhūn	이혼하다
☐	**立刻** lìkè	곧. 즉시. 바로. 금방
☐	**剪** jiǎn	(가위 등으로) 자르다. 깎다. 끊다. 절단하다
☐	**随时** suíshí	수시로. 언제나. 아무 때나. 그때그때. 제때. 적시에
☐	**提醒** tíxǐng	일깨우다. 깨우치다. 주의를 환기시키다. 상기시키다. 조심〔경계〕시키다. 경고하다

본문

　　报纸上登出一则新闻，某男士因妻子经常搜查他的口袋而愤然离婚。小张看完后，立刻把这则新闻剪了下来，妻子见了忙问：“你剪这个干什么？”

　　“我要把它放在口袋里”，小张说，“随时提醒你。”

　　Bàozhǐ shang dēng chū yī zé xīnwén, mǒu nánshì yīn qīzi jīngcháng sōuchá tā de kǒudai ér fènrán líhūn. Xiǎo Zhāng kàn wán hòu, lìkè bǎ zhè zé xīnwén jiǎn le xiàlái, qīzi jiàn le máng wèn：“Nǐ jiǎn zhè ge gàn shénme?”

　　“Wǒ yào bǎ tā fàng zài kǒudai li”, Xiǎo Zhāng shuō, “Suíshí tíxǐng nǐ.”

求您别写

새 단어

☐	求 qiú	요청하다. 부탁하다
☐	给 gěi	…에게. …을 위하여
☐	别人 biérén	남. 타인
☐	但是 dànshì	그러나. 그렇지만
☐	客人 kèrén	손님
☐	拿 ná	(손으로) 잡다. (손에) 쥐다
☐	把 bǎ	자루가 있는 기구를 세는 단위
☐	扇子 shànzi	부채
☐	题字 tízì	기념으로 글을 몇 자 쓰다
☐	立刻 lìkè	즉시. 곧. 당장
☐	行礼 xínglǐ	경례하다. 인사하다
☐	费事 fèishì	귀찮다. 번거롭다
☐	长 cháng	길다
☐	这样 zhèyang	이렇게. 이와 같이
☐	客气 kèqi	겸손하다. 사양하다

有一个人，就爱给别人写字，但是他写得很不好。

一天，他家里来了个客人，手里拿着一把白纸扇子。他看到了，就想在扇子上题字。

那个客人立刻站起来给他行礼。他说：“就给你写几个字，又不太费事，也不用很长时间，你为什么这样客气呢？”

客人说：“我不是求您写，是求您别写！”

Yǒu yī ge rén, jiù ài gěi biérén xiě zì, dànshì tā xiě de hěn bù hǎo.

Yī tiān, tā jiāli lái le ge kèrén, shǒuli ná zhe yī bǎ báizhǐ shànzi. Tā kàn dào le, jiù xiǎng zài shànzi shang tízì.

Nà ge kèrén lìkè zhàn qǐlái gěi tā xínglǐ. Tā shuō : "Jiù gěi nǐ xiě jǐ ge zì, yòu bù tài fèishì, yě bù yòng hěn cháng shíjiān, nǐ wèishénme zhèyang kèqi ne?"

Kèrén shuō : "Wǒ bù shì qiú nín xiě, shì qiú nín bié xiě!"

Step 3 竞争

새 단어

☐	**竞争** jìngzhēng	경쟁(하다)
☐	**饭店** fàndiàn	식당. 음식점
☐	**相隔** xiānggé	서로 떨어져 있다.
☐	**外卖** wàimài	테이크아웃
☐	**盒饭** héfàn	도시락
☐	**价廉物美** jiàlián wùměi	값도 싸고 물건도 좋다
☐	**因而** yīn'ér	그러므로. 그래서. 그런 까닭에. 따라서[결과를 나타냄]
☐	**时常** shícháng	늘. 항상. 자주
☐	**顾客盈门** gùkè yíngmén	손님이 문 앞에 그득하다
☐	**周围** zhōuwéi	주위. 둘레. 사방
☐	**公司** gōngsī	회사
☐	**员工** yuángōng	종업원. 직원
☐	**常客** chángkè	단골손님
☐	**然而** rán'ér	그러나. 그렇지만. 그런데
☐	**近来** jìnlái	근래. 요즘

☐	店主 diànzhǔ	가게 주인. 상점 주인
☐	为了 wèile	…를 위하여
☐	争取 zhēngqǔ	쟁취하다. 얻다. 획득하다
☐	客源 kèyuán	손님 왕래의 근원
☐	由 yóu	…으로부터. …에서[기점을 나타냄]
☐	价格战 jiàgézhàn	가격 전쟁
☐	发展 fāzhǎn	발전하다. 확대하다
☐	为 wéi	…(으)로 변(화)하다. …이 되다
☐	口水战 kǒushuǐzhàn	설전(舌戰)
☐	隔壁 gébì	이웃. 이웃집. 옆방
☐	聘用 pìnyòng	초빙하여 직무를 맡기다
☐	外来妹 wàiláimèi	직업을 찾기 위해 시골에서 올라온 아가씨
☐	连…也… lián…yě…	…조차도. …마저도. …까지도
☐	健康 jiànkāng	건강(하다)
☐	合格证 hégézhèng	합격증
☐	洗 xǐ	씻다
☐	干净 gānjìng	깨끗하다. 깔끔하다
☐	另 lìng	다른. 그 밖의
☐	不断 bùduàn	낳임없이. 부난히
☐	向 xiàng	…에. …에게
☐	宣传 xuānchuán	선전하다
☐	旁边 pángbiān	옆. 곁. 측면. 부근
☐	看似 kànsì	보기에…같다

☐	便宜 piányi	(값이) 싸다. 헐하다
☐	其实 qíshí	(그러나) 사실은. 실제는
☐	常 cháng	늘. 항상
☐	隔夜菜 géyècài	전날 먹고 남은 음식. 하루 지난 음식
☐	混入其中 húnrù qízhōng	그 속에다 한데 섞다
☐	面对 miànduì	직접 대면하다. 마주 보다
☐	互相揭丑 hùxiāng jiēchǒu	서로 약점을 들추어내다
☐	不明 bùmíng	불분명하다. 알지 못하다
☐	真相 zhēnxiàng	진상. 사실
☐	总 zǒng	결국. 아무튼. 좌우간
☐	有点 yǒudiǎn	조금. 약간
☐	将信将疑 jiāngxìn jiāngyí	반신반의하다
☐	只好 zhǐhǎo	하는 수 없이. 부득이
☐	另 lìng	따로. 달리. 별도로
☐	择 zé	선택하다
☐	别处 biéchù	다른 곳. 딴 데
☐	目睹 mùdǔ	목도하다
☐	由盛变衰 yóushèng biànshuāi	번성하다가 쇠퇴하게 되다
☐	不禁感叹 bùjīn gǎntàn	감탄을 금치 못하다
☐	如此 rúcǐ	이와 같이
☐	砸 zá	부수다. 깨뜨리다
☐	饭碗 fànwǎn	밥그릇

본문

　　本市西区有两家小饭店，相隔不远，中午外卖的盒饭价廉物美，因而时常顾客盈门，周围公司的一些员工也成了这两家饭店的常客。

　　然而近来这两家店主为了争取客源，由"价格战"发展为"口水战"。

　　一家店主对顾客说："隔壁那家饭店聘用的外来妹连健康合格证也没有，烧的菜从不洗干净……"

　　另一家店主则不断向顾客宣传："我们旁边的那家饭店，盒饭看似便宜，其实常把隔夜菜混入其中……"

　　面对这两位店主互相揭丑，不明真相的顾客总有点将信将疑，为了自身的健康，不少顾客只好另择别处。

　　一位目睹这两家饭店由盛变衰的顾客，不禁感叹说："如此'竞争'，真是自己砸自己的饭碗。"

　　Běnshì xīqū yǒu liǎng jiā xiǎo fàndiàn, xiānggé bù yuǎn, zhōngwǔ wàimài de héfàn jiàlián wùměi, yīn'ér shícháng gùkè yíngmén, zhōuwéi gōngsī de yīxiē yuángōng yě chéng le zhè liǎng jiā fàndiàn de chángkè.

　　Rán'ér jìnlái zhè liǎng jiā diànzhǔ wèile zhēngqǔ kèyuán, yóu "Jiàgézhàn" fāzhǎn wéi "Kǒushuǐzhàn".

　　Yī jiā diànzhǔ duì gùkè shuō："Gébì nà jiā fàndiàn pìnyòng de wàiláiméi lián jiànkāng hégézhèng yě méiyǒu, shāo de cài cóng bù xǐ gānjìng……"

　　Lìng yī jiā diànzhǔ zé bùduàn xiàng gùkè xuānchuán："Wǒmen pángbiān de nà jiā fàndiàn, héfàn kànsì piányi, qíshí cháng bǎ géyècài húnrù qízhōng……"

　　Miànduì zhè liǎng wèi diànzhǔ hùxiāng jiēchǒu, bùmíng zhēnxiàng de gùkè zǒng yǒudiǎn jiāngxìn jiāngyí, wèile zìshēn de jiànkāng, bù shǎo gùkè zhǐhǎo lìng zé biéchù.

　　Yī wèi mùdǔ zhè liǎng jiā fàndiàn yóushèng biànshuāi de gùkè, bùjīn gǎntàn shuō："Rúcǐ 'jìngzhēng', zhēnshi zìjǐ zá zìjǐ de fànwǎn."

구문 설명

Step 2 구문 설명

① **有一个人，就爱给别人写字，**

오직. 단지.
범위를 한정할 때 쓰인다.

   (1) 他在北京住的时间不长，就住了一个月。
   (2) 我妹妹就喜欢游泳，不喜欢打球。

② **但是他写得很不好。**

동사나 형용사의 뒤에 쓰여, 정도를 표시하는 보어를 연결시키는
역할을 한다.

   (1) 老师说得很快。
   (2) 小王写得很清楚。

Step 3 구문 설명

① **中午外卖的盒饭价廉物美，因而时常顾客盈门。**

따라서. 때문에.
결과나 결론을 나타내는 절에 쓰이며, 앞절에 '由于'가 와서 호응하
기도 한다.

(1) 我跟他在一起，工作许多年了，因而很了解他的性格和作风。

(2) 由于上学期着重抓了课堂教学，因而学习成绩有了显著提高。

2 然而近来这两家店主为了争取客源，

그러나. 하지만.
전환을 표시한다. 앞의 문장과 상대되는 의미의 문장을 이끌거나,
앞의 문장의 뜻을 한정하고 보충하는 의미가 있다. 문어체에 많이
쓰인다.

(1) 老斗子身体细瘦，然而骨架结实。

(2) 他是一个性格古怪，然而十分正直的人。

3 由“价格战”发展为“口水战”。

…으로부터. …에서.
명사, 동사, 형용사와 결합하여 발전, 변화, 범위의 기점을 나타낸다.

(1) 由蝌蚪变成青蛙。

(2) 由不懂到懂。

4 为了自身的健康，不少顾客只好另择别处。

…을 위하여.
목적을 표시한다.

(1) 为了培育下一代，我愿意终身从事教育工作。

(2) 为了职工能安心工作，机关办起了托儿所。

 **연습 문제**

1. 괄호 안에 들어갈 알맞은 글자를 써넣으시오.

1) 报纸上(　　　)出一(　　　)新闻，某男士因妻子经常搜(　　　)他的口袋而愤然离婚。

2) 小张看完后，立(　　　)把这则新闻剪了下来，妻子见了忙问："你剪这个(　　　)什么?"

3) "我要把它(　　　)在口袋里"，小张说，"随时提(　　　)你。"

4) 有一个人，就爱(　　　)别人写字，但是他写得很不好。

5) 一天，他家里来了个客人，手里拿着一(　　　)白纸扇子。

6) 他看到了，就想(　　　)扇子上题字。

7) 本市西区有两家小饭店，相(　　　)不远，中午外卖的盒饭(　　　)廉物美，因而时常顾(　　　)盈门，周围公司的一些员工也成了这两家饭店的常客。

8) 然而近来这两家店主为了争取客源，(　　　)"价格战"发展(　　　)"口水战"。

9) 一家店主(　　　)顾客说："隔壁那家饭店聘用的外来妹(　　　)健康合格证(　　　)没有，烧的菜从不洗干净……"

10) 另一家店主则不断(　　　)顾客宣传："我们旁边的那家饭店，盒饭看似便宜，其实常把隔(　　　)菜混入其中……"

11) 面对这两位店主互(　　　)揭丑，不明真相的顾客总有点将信将(　　　)，为了自身的健康，不少顾客只好另(　　　)别处。

12) 一位目(　　　)这两家饭店(　　　)盛(　　　)衰的顾客，不禁感叹说："如此'竞争'，真是自己砸自己的饭碗。"

2. 다음 병음을 중국어로 옮기시오.

1) Bàozhǐ shang dēng chū yī zé xīnwén, mǒu nánshì yīn qīzi jīngcháng sōuchá tā de kǒudài ér fènrán líhūn.

   ➡ _____

   _____

2) Nǐ jiǎn zhè ge gàn shénme?

   ➡ _____

3) Wǒ yào bǎ tā fàng zài kǒudai li, Xiǎo Zhāng shuō, "Suíshí tíxǐng nǐ."

   ➡ _____

4) Yǒu yī ge rén, jiù ài gěi biérén xiě zì, dànshì tā xiě de hěn bù hǎo.

   ➡ _____

5) Yī tiān, tā jiāli lái le ge kèrén, shǒuli ná zhe yī bǎ báizhǐ shànzi.

   ➡ _____

6) Tā kàn dào le, jiù xiǎng zài shànzi shang tízì.

   ➡ _____

7) Jiù gěi nǐ xiě jǐ ge zì, yòu bù tài fèishì, yě bù yòng hěn cháng shíjiān, nǐ wéishénme zhèyang kèqi ne?

   ➡ _____

   _____

8) Kèrén shuō："Wǒ bù shì qiú nín xiě, shì qiú nín bié xiě!"

   ➡ _____

9) Běnshì xīqū yǒu liǎng jiā xiǎo fàndiàn, xiānggé bù yuǎn, zhōngwǔ wàimài de héfàn jiàlián wùměi, yīn'ér shícháng gùkè yíngmén, zhōuwéi gōngsī de yīxiē yuángōng yě chéng le zhè liǎng jiā fàndiàn de chángkè.

➡️ _____

_____

_____

10) Yóu "Jiàgézhàn" fāzhǎn wéi "Kǒushuǐzhàn".

➡️ _____

11) Yī jiā diànzhǔ duì gùkè shuō："Gébì nà jiā fàndiàn pìnyòng de wàiláimèi lián jiànkāng hégézhèng yě méiyǒu, shāo de cài cóng bù xǐ gānjìng……"

➡️ _____

_____

12) "Wǒmen pángbiān de nà jiā fàndiàn, héfàn kàn sì piányi, qíshí cháng bǎ géyècài húnrù qízhōng……"

➡️ _____

_____

13) Rúcǐ 'jìngzhēng', zhēnshi zìjǐ zá zìjǐ de fànwǎn.

➡️ _____

제8과

点名

 새 단어

☐	**点名** diǎnmíng	출석을 부르다. 점호를 하다
☐	**学期** xuéqī	학기
☐	**换** huàn	교환하다. 바꾸다. 변환하다. 교체하다
☐	**名字** míngzi	성과 이름. 성명
☐	**生僻字** shēngpìzì	벽자. 흔히 안 쓰는 드문 글자
☐	**邻座** línzuò	옆자리. 옆 좌석. 인접 좌석. 옆 사람. 옆 좌석 사람
☐	**试** shì	시험 삼아 해 보다. 시험하다. 시행(試行)하다
☐	**学问** xuéwen	학식. 지식. 학문
☐	**如何** rúhé	어떠한가. 어떠하냐. 어떻게. 어떤. 어쩌면. 어찌하면. 왜. 어째서
☐	**最后** zuìhòu	최후의. 맨 마지막의. 최후. 제일 마지막. 끝
☐	**簿** bù	장부. 공책. 기록부
☐	**收** shōu	(밖의 물건을) 안으로 들여오다. 거두어들이다. 거두다. (분산되어 있거나 펼쳐져 있는 물건을) 한데 모으다

본문

　　新学期换了个新老师，第一天点名时，一位名字里有生僻字的学生对邻座的同学说："先试试他学问如何？看他能不能读出我的名字？"

　　可是点名点到最后还没有点到他，老师将点名簿一收："看看有没有没点到名的？……哦？你叫什么名字？"

　　Xīn xuéqī huàn le ge xīn lǎoshī, dì yī tiān diǎnmíng shí, yī wèi míngzi li yǒu shēngpìzì de xuésheng duì línzuò de tóngxué shuō："Xiān shì shì tā xuéwen rúhé? Kàn tā néng bu néng dú chū wǒ de míngzi?"

　　Kěshì diǎnmíng diǎn dào zuìhòu hái méiyǒu diǎn dào tā, lǎoshi jiāng diǎnmíngbù yī shōu："Kàn kàn yǒu méi yǒu méi diǎn dào míng de? ……Ó? Nǐ jiào shénme míngzi?"

学会游泳最重要

 **새 단어**

☐	**学会** xuéhuì	습득하다. 배워서 알다. 배워서 할 수 있(게 되)다
☐	**游泳** yóuyǒng	수영(하다)
☐	**最** zuì	가장. 제일. 아주
☐	**重要** zhòngyào	중요하다
☐	**大夫** dàfu	의사
☐	**病人** bìngrén	환자
☐	**治**(病) zhì(bìng)	(병을) 치료하다
☐	**死者** sǐzhě	죽은 사람
☐	**……者** zhě	것[형용사나 동사 또는 형용사구나 동사구의 뒤에 쓰여 그러한 성질을 가지고 있거나 동작을 하는 사람이ㅓ 사물을 가리킴]
☐	**抓** zhuā	잡다. 체포하다
☐	**官府** guānfǔ	관청. 관아
☐	**夜里** yèli	밤(중)
☐	**别人** biérén	남. 타인

☐	**注意** zhùyì	주의하다. 조심하다
☐	**跳** tiào	뛰다. 도약하다
☐	**墙** qiáng	벽. 담
☐	**追** zhuī	쫓다. 추격하다
☐	**幸好** xìnghǎo	다행히. 운 좋게
☐	**正在** zhèngzài	마침〔한창〕…하고 있는 중이다
☐	**努力** nǔlì	노력하다. 힘쓰다
☐	**医书** yīshū	의서
☐	**原来** yuánlái	원래. 본래. 알고 보니
☐	**当** dāng	(직무 따위를) 담당하다. (…의 일을) 맡다. …이 되다
☐	**先** xiān	먼저. 우선
☐	**读书** dúshū	독서하다. 공부하다. 책을 읽다

　　一个大夫把病人治死了。死者家里的人抓住他，要把他送到官府去。到了夜里，在别人不注意的时候，大夫跳墙跑了。这家的墙外面是一条河。不久，死者家里人知道了，就来追他。幸好，他会游泳，就游过河跑掉了。

　　他回到家里，看见儿子正在努力读医书，原来儿子也要当大夫。他就对儿子说：“孩子，先别读书了，学会游泳最重要啊!”

　　Yī ge dàfu bǎ bìngrén zhì sǐ le. Sǐzhě jiāli de rén zhuā zhù tā, yào bǎ tā sòng dào guānfǔ qù. Dào le yèli, zài biérén bù zhùyì de shíhou, dàfu tiào qiáng pǎo le. Zhè jiā de qiáng wàimiàn shì yī tiáo hé. Bùjiǔ, sǐzhě jiāli rén zhīdào le, jiù lái zhuī tā. Xìnghǎo, tā huì yóuyǒng, jiù yóu guò hé pǎo diào le.

　　Tā huí dào jiāli, kàn jiàn érzi zhèngzài nǔlì dú yīshū, yuánlái érzi yě yào dāng dàfu. Tā jiù duì érzi shuō: "Háizi, xiān bié dúshū le, xuéhuì yóuyǒng zuì zhòngyào a!"

Step 3

与狗共眠

 새 단어

☐	与 yǔ	… 과〔와〕함께
☐	狗 gǒu	개. 강아지
☐	共眠 gòngmián	함께 잠자다
☐	姑娘 gūniang	아가씨
☐	市郊 shìjiāo	시외. 시 외곽
☐	电器厂 diànqìchǎng	전기 공장
☐	仓库 cāngkù	창고
☐	保管员 bǎoguǎnyuán	관리원. 관리 직원
☐	尽管 jǐnguǎn	비록…라 하더라도. …에도 불구하고
☐	年过三十 nián guò sānshí	나이가 서른이 넘었다
☐	至今 zhìjīn	지금까지
☐	仍未 réngwèi	아직…하지 않다
☐	婚嫁 hūnjià	시집가다. 결혼하다
☐	最终 zuìzhōng	최종의. 최후의. 맨 마지막의
☐	告吹 gàochuī	허사가 되다. 잘못되다
☐	常常 chángcháng	자주
☐	犯愁 fànchóu	근심하다. 걱정하다. 우려하다
☐	平时 píngshí	평상시

☐	喂养 wèiyǎng	(동물을) 사육하다. (아이를) 양육하다
☐	叭儿狗 bārgǒu	발바리
☐	旺旺 Wàngwàng	강아지 이름 '왕왕'
☐	为 wéi	…로 삼다. …로 여기다
☐	伴 bàn	짝. 동반자. 반려자
☐	梳装打扮 shūzhuāng dǎbàn	몸치장하다
☐	上下班 shàngxiàbān	출퇴근하다
☐	不久前 bùjiǔqián	얼마 안 되어. 일전에
☐	单位 dānwèi	직장
☐	退休 tuìxiū	퇴직하다
☐	介绍 jièshào	소개하다
☐	谈婚论嫁 tánhūn lùnjià	결혼·혼사에 대해 말하다
☐	提出 tíchū	제출하다. 제의하다
☐	首要 shǒuyào	가장 중요하다
☐	条 tiáo	조. 조목. 항목으로 나눈 것
☐	得 děi	…해야만 하다
☐	接纳 jiēnà	받아들이다
☐	心爱 xīn'ài	진심으로 사랑하다. 아끼다
☐	男方 nánfāng	남자 쪽
☐	回答 huídá	대답하다
☐	养狗 yǎnggǒu	개를 기르다
☐	反对 fǎnduì	반대하다
☐	更 gèng	더욱. 더. 또. 다시
☐	何况 hékuàng	하물며. 더군다나
☐	如此 rúcǐ	이와 같이
☐	一定 yīdìng	반드시. 틀림없이. 꼭

☐ **尊重** zūnzhòng 존중하다

☐ **爱好** àihào 취미. 기호

☐ **仍然** réngrán 여전히. 변함없이. 원래대로

☐ **让** ràng …하게 하다. …하도록 내버려두다

☐ **同睡** tóngshuì 함께 자다

☐ **恐怕** kǒngpà 아마도…일 것이다. 대체로. 대략

☐ **强人所难** qiángrén suǒnán 어려운 일 또는 하기 싫은 일을 남에게 억지로 강요하다

☐ **看法** kànfǎ 의견. 생각

☐ **站** zhàn 일어서다. 바로 서다

☐ **之所以** zhīsuǒyǐ …의 이유. …한 까닭

☐ **对象** duìxiàng (연애·결혼의) 상대

☐ **成功** chénggōng 성공하다

☐ **因** yīn …때문에. …로 인하여

☐ **择偶** zé'ǒu 배필〔짝〕을 고르다. 배우자를 택하다

☐ **条件** tiáojiàn (상태·상황으로서의) 조건. (요구하는) 조건. 기준. 표준

☐ **相伴** xiāngbàn 동반하다. 함께하다. 배석〔동석〕하다. 동무가 되다

☐ **相依** xiāngyī 서로 의지하다〔기대다〕

☐ **共度** gòngdù 함께〔같이〕 보내다〔지내다, 쇠다〕

☐ **人生** rénshēng 인생

본문

　　圆圆姑娘是市郊某电器厂的仓库保管员。尽管已年过三十，但至今仍未婚嫁。尽管也谈过好几个男朋友，但最终都告吹，她妈妈为此事常常犯愁。

　　平时她与喂养的一头叭儿狗旺旺为伴，早上起来为它梳装打扮，并带着它一起上、下班，晚上还与狗共眠。

　　不久前，她妈妈单位里的一位退休老姐妹帮她介绍了一位男朋友，两人见过几次面。但当谈婚论嫁时，圆圆提出："要结婚，首要一条得接纳我那心爱的旺旺。"

　　男方回答说："养狗我不反对，更何况你如此喜欢旺旺，我一定尊重你的爱好。"

　　"那好。结婚后你得仍然让旺旺晚上与我们同睡在一起。"

　　"这……恐怕有点太强人所难了吧！"当男方说出了自己的看法后，圆圆姑娘忙站起来说："我之所以谈了几个对象都没成功，都因这个原因。但在这个问题上，我是决不会让步的！"说完，头也不回地走了。

　　当男方把与圆圆没谈成的经过告诉介绍人时，这位介绍人惊讶地说："世上竟有以'与狗共眠'作为择偶条件的。看来，这姑娘只能与小狗相依相伴，共度人生了！"

　　Yuányuán gūniang shi shìjiāo mǒu diànqìchǎng de cāngkù bǎoguǎnyuán. Jǐnguǎn yǐ nián guò sān shí, dàn zhìjīn réngwèi hūnjià. Jǐnguǎn yě tán guo hǎo jǐ ge nán péngyou, dàn zuìzhōng dōu gàochuī, tā māma wèi cǐ shì chángcháng fánchóu.

　　Píngshí tā yǔ wèiyǎng de yī tóu bārgǒu Wàngwàng wéi bàn, zǎoshang qǐlái wèi tā shūzhuāng dǎbàn, bìng dài zhe tā yīqǐ shàng xiàbān, wǎnshang hái yǔ gǒu gòngmián.

　　Bùjiǔqián, tā māma dānwèi li de yī wèi tuìxiū lǎo jiěmèi bāng tā jièshào le yī wèi nán péngyou, liǎng rén jiàn guo jǐ cì miàn. Dàn dāng tánhūn lùnjià shí, Yuányuán tíchū : "Yào jiéhūn, shǒuyào yī tiáo děi jiēnà wǒ nà xīn'ài de Wàngwàng."

　　Nánfāng huídá shuō : "Yǎnggǒu wǒ bù fǎnduì, gèng hékuàng nǐ rúcǐ xǐhuan Wàngwàng, wǒ yīdìng zūnzhòng nǐ de àihào."

　　"Nà hǎo. Jiéhūn hòu nǐ děi réngrán ràng Wàngwàng wǎnshang yǔ wǒmen tóngshuì zài yīqǐ."

　　"Zhè……kǒngpà yǒudiǎn tài qiángrén suǒnán le ba!" Dāng nánfāng shuō chū le zìjǐ de kànfǎ hòu, Yuányuán gūniang máng zhàn qǐlái shuō : "Wǒ zhīsuǒyǐ tán le jǐ ge duìxiàng dōu méi chénggōng, dōu yīn zhè ge yuányīn. Dàn zài zhè ge wèntí shang, wǒ shì jué bù huì ràngbù de!" Shuō wán, tóu yě bù huí de zǒu le.

　　Dāng nánfāng bǎ yǔ Yuányuán méi tán chéng de jīngguò gàosu jièshào rén shí, zhè wèi jièshào rén jīngyà de shuō : "Shìshàng jìng yǒu yǐ 'yǔ gǒu gòngmián' zuòwéi zé'ǒu tiáojiàn de. Kànlái, zhè gūniang zhǐ néng yǔ xiǎogǒu xiāngyī xiāngbàn, gòngdù rénshēng le!"

구문 설명

1 他回到家里，看见儿子<u>正在</u>努力读医书。

마침〔한창〕…하고 있는 중이다.
'正在＋동사/형용사'의 형태로 쓰이며, 동작이 진행 중이거나 상태가 지속됨을 나타낸다.

(1) 我们正在学习。
(2) 同学们正在准备考试。

2 <u>原来</u>儿子也要当大夫。

1) 원래〔그대로〕의.
단독으로 술어로 쓰이지 않으며, 명사를 수식할 때는 '的'를 붙여야 한다.

(1) 他还住在原来的地方。
(2) 还是按原来的计划进行。

2) 원래.
이전의 어떤 시기를 나타낸다. '지금은 이미 그렇지 않다'는 의미를 담고 있다.

(1) 我原来常常生病，现在身体好了。
(2) 我们原来都不会中文，现在会了。

3) 알고 보니.

어떤 사실을 알게 되었음을 나타낸다.

(1) 他天天看医书，原来他想当大夫。

(2) 屋里怎么一点儿声音也没有？原来大家都出去了。

Step 3 구문 설명

1 **尽管**已年过三十，但至今仍未婚嫁。

비록〔설령〕…라 하더라도. …에도 불구하고.

뒤의 절에 '但是, 可是, 然而, 可, 还是, 仍然, 但, 却' 등이 와서 호응한다.

(1) 他尽管身体不好，可是仍然坚持工作。

(2) 尽管跟他谈了半天，他还是想不通。

2 但**当**谈婚论嫁**时**，圆圆提出："要结婚，首要一条得接纳我那心爱的旺旺。"

사건이 발생한 시간을 나타낸다.

'当…的时(候)'의 형태로도 쓴다.

(1) 当我回来的时候，他已经睡了。

(2) 当他八岁的时候，父亲带着他来到北京。

3 养狗我不反对，更<u>何况</u>你如此喜欢旺旺，我一定尊重你的爱好。

하물며. 더군다나.
'何况' 앞에 '更, 又'가 올 수 있고, 뒤에 '又'가 올 수도 있다.

(1) 这样的事连小孩子都明白，何况你这个大人呢!
(2) 你去接他一下，这儿不好找，何况他又是第一次来。

4 结婚后你得<u>仍然</u>让旺旺晚上与我们同睡在一起。

여전히. 변함없이. 원래대로.
상황이 변함없이 지속됨을 나타내고, 주로 문어체에 많이 쓰인다.

(1) 一别十年，他仍然是过去的老样子。
(2) 下班以后他仍然在考虑工作中的问题。

연습 문제

1. 괄호 안에 들어갈 알맞은 글자를 써넣으시오.

1) 新学(   )换了个新老师, 第一天点名时, 一位名字里有生僻(   )的学生(   )邻座的同学说：“先试试他学(   )如何? 看他能不能(   )出我的名字?”

2) 可是点名点到最后还没有点(   )他, 老师将点名(   )一收：“看看有没有没点到名的? ……哦? 你叫什么名字?”

3) 一个大夫(   )病人治(   )了。

4) 死者家里的人抓(   )他, 要把他送(   )官府去。

5) 到了夜里, 在别人不注(   )的时候, 大夫跳墙跑了。

6) 这家的墙外面是一(   )河。

7) 幸好, 他会游泳, 就游过河跑(   )了。

8) 他回到家里, 看见儿子正在努(   )读医书, 原来儿子也要(   )大夫。

9) 他就对儿子说：“孩子, 先别读书(   ), 学会游泳最重要啊!”

10) 圆圆姑(   )是市郊某电器厂的仓库保管员。

11) 尽(   )已年过三十, 但至今(   )未婚嫁。

12) 平时她与喂养的一(   )叭儿狗旺旺(   )伴, 早上起来(   )它梳装打扮, 并带着它一起上、下班, 晚上还(   )狗共眠。

13) 不久前, 她妈妈单位里的一位退休老姐妹(   )她介绍了一位男朋友, 两人见过几次(   )。

14) 但(　　　)谈婚论嫁时, 圆圆提出："要结婚, 首要一(　　　)得接纳
我那心爱的旺旺。"

15) 男方回答说："养狗我不反对, 更何(　　　)你如此喜欢旺旺, 我一
定尊(　　　)你的爱好。"

16) "那好。结婚后你得仍(　　　)让旺旺晚上与我们同睡(　　　)一起。"

17) "这……恐怕有点太强人(　　　)难了吧!"

18) 我(　　　)所以(　　　)了几个对象都没成功, 都因这个原因。

19) 但在这个问题上, 我是(　　　)不会让步的!

20) 这位介绍人惊(　　　)地说："世上竟有以'与狗共眠'作为择(　　　)
条件的。看来, 这姑娘只能与小狗相(　　　)相(　　　), 共(　　　)
人生了!"

2. 다음 병음을 중국어로 옮기시오.

1) Yī wèi míngzi li yǒu shēngpìzì de xuésheng duì línzuò de tóngxué shuō：
"Xiān shì shì tā xuéwen rúhé?"

➡ _____

_____

2) Kàn tā néng bu néng dú chu wǒ de míngzi?

➡ _____

3) Yī ge dàfu bǎ bìngrén zhì sǐ le.

➡ _____

4) Sǐzhě jiāli de rén zhuā zhù tā, yào bǎ tā sòng dào guānfǔ qù.

➡ _____

5) Dào le yèli, zài biérén bù zhùyì de shíhou, dàfu tiào qiáng pǎo le.

➡ _____

6) Zhè jiā de qiáng wàimiàn shì yī tiáo hé.

➡ _____

7) Bùjiǔ, sǐzhě jiāli rén zhīdào le, jiù lái zhuī tā.

➡ _____

8) Xìnghǎo, tā huì yóuyǒng, jiù yóu guò hé pǎo diào le.

➡ _____

9) Tā huí dào jiāli, kàn jiàn érzi zhèngzài nǔlì dú yīshū, yuánlái érzi yě yào dāng dàfu.

➡ _____

_____

10) Tā jiù duì érzi shuō：“Háizi, xiān bié dúshū le, xuéhuì yóuyǒng zuì zhòngyào a!”

➡ _____

_____

11) Jǐnguǎn yǐ nián guò sān shí, dàn zhì jīn réngwèi hūnjià.

➡ _____

12) Jǐnguǎn yě tán guo hǎo jǐ ge nán péngyou, dàn zuìzhōng dōu gàochuī, tā māma wèi cǐ shì chángcháng fànchóu.

➡ _____

_____

13) Píngshí tā yǔ wèiyǎng de yī tóu bārgǒu wàngwàng wéi bàn, zǎoshang qǐlái wèi tā shūzhuāng dǎbàn.

➡ _____

_____

14) Bùjiǔqián, tā māma dānwèi li de yī wèi tuìxiū lǎo jiěmèi bāng tā jièshào le yī wèi nán péngyou, liǎng rén jiàn guo jǐ cì miàn.

➡ _____

_____

15) Yào jiéhūn, shǒuyào yī tiáo děi jiēnà wǒ nà xīn'ài de Wàngwàng.

➡ _____

16) Yǎnggǒu wǒ bù fǎnduì, gèng hékuàng nǐ rúcǐ xǐhuan Wàngwàng, wǒ yīdìng zūnzhòng nǐ de àihào.

➡ _____

_____

17) Jiéhūn hòu nǐ děi réngrán ràng Wàngwàng wǎnshang yǔ wǒmen tóngshuì zài yīqǐ.

➡ _____

_____

18) Zhè······kǒngpà yǒudiǎn tài qiángrén suǒnán le ba!

    ▶ _____

19) Wǒ zhīsuǒyǐ tán le jǐ ge duìxiàng dōu méi chénggōng, dōu yīn zhè ge

    yuányīn. Dàn zài zhè ge wèntí shang, wǒ shì jué bù huì ràngbù de!

    ▶ _____

    _____

20) Shìshàng jìng yǒu yǐ 'yǔ gǒu gòngmián' zuòwéi zé'ǒu tiáojiàn de. Kànlái,

    zhè gūniang zhǐ néng yǔ xiǎogǒu xiāngyī xiāngbàn, gòngdù rénshēng le!

    ▶ _____

    _____

제9과

面目全非

새 단어

- □ **面目全非** miànmù quánfēi 모습이 전혀 달라지다. 딴판으로 되다. 원래 모습을 찾아 볼 수 없게 되다
- □ **亲爱的** qīn'àide 달링. 자기야
- □ **关心** guānxīn (사람 또는 사물에 대해) 관심(을 갖다)
- □ **干吗** gànmá 왜. 어째서. 무엇 때문에
- □ **整天** zhěngtiān (온)종일. 진(종)일. 꼬박 하루. 하루 종일
- □ **愁眉苦脸** chóuméi kǔliǎn 걱정과 고뇌에 쌓인 표정. 우거지상
- □ **实话实说** shíhuà shíshuō 사실대로 말하다
- □ **叹** tàn 한숨 쉬다. 탄식하다. 한탄하다
- □ **一口气** yīkǒuqì 한 숨. 한 호흡
- □ **整容** zhěngróng 용모를 가다듬다(단장하다). 얼굴을 성형하다
- □ **手术** shǒushù 수술(하다)
- □ **问题** wèntí (해답·해석 등을 요구하는) 문제. (해결해야 할) 문제. 숙제. (사고나 문젯거리 등의) 문제. 고장
- □ **根本** gēnběn 전혀. 도무지. 아예[주로 부정형으로 쓰임]

본문

　　"亲爱的"，妻子关心地问丈夫：“你干吗整天愁眉苦脸?”

　　"实话实说了吧"，丈夫长叹了一口气，说：“我借给一个朋友2万元做整容手术，问题是现在他已面目全非，我根本找不到他了!”

"Qīn'àide", qīzi guānxīn de wèn zhàngfu："Nǐ gànmá zhěngtiān chóuméi kǔliǎn?"

"Shíhuà shíshuō le ba", zhàngfu cháng tàn le yī kǒu qì, shuō："Wǒ jiè gěi yī ge péngyou liǎng wàn yuán zuò zhěngróng shǒushù, wèntí shì xiànzài tā yǐ miànmù quánfēi, wǒ gēnběn zhǎo bu dào tā le!"

买鞋

새 단어

☐	买 mǎi	사다
☐	鞋 xié	신발
☐	慢性子 mànxìngzi	성격이 느긋한 사람. 느림보
☐	双 shuāng	쌍. 켤레[쌍을 이룬 것을 세는 단위]
☐	急性子 jíxìngzi	성급한 사람. 성격이 조급한 사람
☐	伸 shēn	펴다. 펼치다
☐	只 zhī	쪽. 짝[쌍을 이룬 물건 중 하나를 세는 단위]
☐	脚 jiǎo	발
☐	花 huā	소비하다. 쓰다
☐	别 bié	…하지 말라
☐	着急 zháojí	조급해하다. 안달하다
☐	慢慢儿 mànmānr	천천히. 느릿느릿
☐	另 lìng	다른. 그 밖의
☐	也 yě	…도 또한. 또. 게다가

본문

　　老李是个慢性子的人，他买了一双鞋，急性子的老王问他：“这双鞋多少钱？”

　　老李伸出一只脚，说：“两块四毛钱。”

　　老王听了，就打他儿子，说：“你给我买的鞋，怎么花四块八毛钱？”

　　老李又说：“别着急，有话慢慢儿说。”

　　他伸出另一只脚，说：“这只也是两块四。”

한어병음

　　Lǎo Lǐ shì ge mànxìngzi de rén, tā mǎi le yī shuāng xié, jíxìngzi de Lǎo Wáng wèn tā："Zhè shuāng xié duōshao qián?"

　　Lǎo Lǐ shēn chū yī zhī jiǎo, shuō："Liǎng kuài sì máo qián."

　　Lǎo Wáng tīng le, jiù dǎ tā érzi, shuō："Nǐ gěi wǒ mǎi de xié, zěnme huā sì kuài bā máo qián?"

　　Lǎo Lǐ yòu shuō："Bié zháojí, yǒu huà mànmānr shuō."

　　Tā shēn chū ling yī zhī jiǎo, shuō："Zhè zhī yě shì liǎng kuài sì."

劳务储蓄

 새 단어

☐	**劳务** láowù	노동. 노무
☐	**储蓄** chǔxù	저축
☐	**老伯** lǎobó	아저씨[아버지의 친구나 친구의 아버지뻘에 대한 존칭] 어르신[늙은 남자에 대한 존칭]
☐	**因** yīn	…로 인해. …때문에
☐	**中暑** zhòngshǔ	더위를 먹다
☐	**被** bèi	(…에게)…당하다
☐	**送** sòng	데려다 주다. 배웅하다. 전송하다
☐	**邻居** línjū	이웃집. 이웃 사람
☐	**医院** yīyuàn	병원
☐	**临走** línzǒu	출발하려하다. 떠날 즈음이 되다
☐	**让** ràng	…하도록 시키다. …하게 하다
☐	**放** fàng	(학교나 직장이) 파하다. 쉬다
☐	**暑假** shǔjià	여름방학
☐	**孙子** sūnzi	손자
☐	**跟** gēn	…와. …과

☐	**一起** yīqǐ	함께. 다같이
☐	**累** lèi	피곤하다
☐	**带** dài	돌보다. 보살피다
☐	**连连** liánlián	계속해서. 잇달아. 연이어
☐	**摇手** yáoshǒu	손을 흔들다. 손을 젓다
☐	**一脸** yīliǎn	온 얼굴. 얼굴 가득
☐	**苦笑** kǔxiào	쓴 웃음을 짓다
☐	**必须** bìxū	반드시
☐	**由** yóu	…이. …가. …께서[동작의 주체를 나타냄]
☐	**领** lǐng	이끌다. 인솔하다. 인도하다. 통솔하다
☐	**儿子** érzi	아들
☐	**媳妇** xífù	며느리
☐	**生病** shēngbìng	병이 나다
☐	**进** jìn	들어가다
☐	**夫妻** fūqī	부부
☐	**俩** liǎ	두 사람. 두 개
☐	**大半** dàbàn	과반수. 절반 이상. 대부분
☐	**晌** shǎng	정오. 한낮. 대낮. 하루 낮의 절반쯤 되는 동안
☐	**麻将** májiāng	마작(麻雀)
☐	**公公** gōnggong	시아버지
☐	**病情** bìngqíng	병의 상태
☐	**如何** rúhé	어떠냐. 어떠한가
☐	**劈头** pītóu	바로 정면으로. 다짜고짜. 맨 처음. 맨 먼저

☐	看不惯 kàn bu guàn	눈에 거슬리다. 눈꼴이 사납다. 마음에 들지 아니하다
☐	副 fù	얼굴 표정에 쓰는 양사
☐	腔调 qiāngdiào	말투. 어조
☐	难道 nándào	설마…하겠는가? 그래…란 말인가?
☐	只 zhǐ	단지. 오직
☐	关心 guānxīn	관심(을 갖다)
☐	小的 xiǎode	나이 어린 사람. 어린이. 아이
☐	问 wèn	묻다
☐	老的 lǎode	노인
☐	无所谓 wúsuǒwèi	상관없다. 관계없다
☐	样子 yàngzi	모양. 모습. 꼴
☐	照顾 zhàogù	돌보다. 보살펴주다
☐	所 suǒ	…하는 바[동사 앞에 쓰여, 그 동사와 함께 명사적 성분이 됨]
☐	一切 yīqiē	일체
☐	将来 jiānglái	장래. 미래
☐	回报 huíbào	보답하다. 갚다
☐	至此 zhìcǐ	이 지경에 이르다. 여기에 이르다
☐	终于 zhōngyú	결국. 마침내
☐	明白 míngbái	이해하다
☐	缘何 yuánhé	왜. 어째서
☐	原因 yuányīn	원인

본문

　　徐老伯因中暑被邻居送去医院。临走时，他还不忘让放暑假的孙子龙龙也跟他一起去医院。邻居们说："你自己都累出了病，龙龙不会让他爸妈带吗?"

　　徐老伯连连摇手，一脸苦笑地说："不! 不! 龙龙是必须由我领的。"

　　邻居告诉徐老伯的儿子、媳妇，徐老伯生病进医院了，夫妻俩大半晌才从麻将桌上下来。一到医院，媳妇也不问公公病情如何，劈头就问："龙龙带来了吗?"

　　邻居看不惯这副腔调，就说："你们难道只关心小的，就不问问老的? 你爸这病都是累出来的。" 他儿子一脸无所谓的样子说："他现在带好我的儿子，我们将来才会照顾他，现在他所做的一切，只是一种'劳务储蓄'，为的是将来我们对他的回报。"

　　至此，邻居们终于明白徐老伯缘何自己生病进医院，还要带着孙子的原因了。

Xú lǎobó yīn zhòngshǔ bèi línjū sòng qù yīyuàn. Línzǒu shí, tā hái bù wàng ràng fàng shǔjià de sūnzi Lónglóng yě gēn tā yīqǐ qù yīyuàn. Línjūmen shuō : "Nǐ zìjǐ dōu lèi chū le bìng, Lónglóng bù huì ràng tā bà mā dài ma?"

Xú lǎobó liánlián yáoshǒu, yīliǎn kǔxiào de shuō : "Bù! Bù! Lónglóng shì bìxū yóu wǒ lǐng de."

Línjū gàosu Xú lǎobó de érzi, xífù, Xú lǎobó shēngbìng jìn yīyuàn le, fūqī liǎ dàbàn shǎng cái cóng májiāngzhuō shang xià lái. Yī dào yīyuàn, xífù yě bù wèn gōnggong bìngqíng rúhé, pītóu jiù wèn : "Lónglóng dài lái le ma?"

Línjū kàn bu guàn zhè fū qiāngdiào, jiù shuō : "Nǐmen nándào zhǐ guānxīn xiǎode, jiù bù wèn wèn lǎode? Nǐ bà zhè bìng dōu shì lèi chūlái de." Tā érzi yīliǎn wúsuǒwèi de yàngzi shuō : "Tā xiànzài dài hǎo wǒ de érzi, wǒmen jiānglái cái huì zhàogù tā, xiànzài tā suǒ zuò de yīqiē, zhǐshì yī zhǒng 'láowù chǔxù', wèi de shì jiānglái wǒmen duì tā de huíbào."

Zhìcǐ, línjūmen zhōngyú míngbái Xú lǎobó yuánhé zìjǐ shēngbìng jìn yīyuàn, hái yào dài zhe sūnzi de yuányīn le.

구문 설명

❶ 你给我买的鞋，怎么花四块八毛钱？

…에게. …를 향하여.
개사(介詞)로 동작의 대상을 이끈다.

(1) 小朋友给老师行礼。
(2) 给大家道谢。
(3) 他给小朋友讲故事。

❷ 别着急，有话慢慢儿说。

…하지 마라.
말리거나 금지를 나타낸다.

1) '别+动/形'의 형태로 쓰인다.

(1) 大家别说话了，听我讲一个故事。
(2) 教室里正在上课，请别唱歌。
(3) 晚会八点开始，你别忘了。

2) 독립어처럼 단독으로 쓰이며, 상대방의 말을 받을 때 쓴다.

(1) A：我该走了。
　　B：别，别，再坐一会儿吧。

(2) A: 我再也不去了。

　　B : 你别! 你别!

3 **这只也是两块四**。

…도 또한. 또. 게다가.

부사로 두 일이 같음을 나타낸다.

(1) 风停了，雨也停了。

(2) 这个好，那个也好。

Step 3 구문 설명

1 **龙龙是必须由我领的**。

…이[가]. …께서.

동작의 주체를 나타낸다.

(1) 由您主持一切。

(2) 运输问题由他们解决。

2 **你们难道只关心小的，就不问问老的?**

설마…하겠는가? 그래…란 말인가?

반문의 어기를 강조한다. 문장의 끝에 '吗', '不成' 등이 호응할 수 있다.

(1) 你难道一直不知道吗?

(2) 这难道是偶然的吗?

연습 문제

1. 괄호 안에 들어갈 알맞은 글자를 써넣으시오.

1) "亲爱(　　　)", 妻子关心(　　　)问丈夫 : "你干吗整天愁(　　　)苦(　　　)?"

2) "实(　　　)实(　　　)了吧", 丈夫长叹了一(　　　)气, 说 : "我借(　　　)一个朋友2万元做整(　　　)手术, 问题是现在他已面目全(　　　), 我根本找不到他了!"

3) 老李是个慢性子的人, 他买了一(　　　)鞋。

4) 老李伸(　　　)一(　　　)脚, 说 : "两块四毛钱。"

5) 老王听了, 就打他儿子, 说 : "你给我买的鞋, 怎么(　　　)四块八毛钱?"

6) 老李又说 : "别着(　　　), 有话慢慢儿说。"

7) 他伸出另一只脚, 说 : "这(　　　)也是两块四。"

8) 徐老伯因(　　　)暑被邻居送去医院。

9) 临走时, 他还不忘让(　　　)暑假的孙子龙龙也跟他一起去医院。

10) 邻居们说 : "你自己都累出了病, 龙龙不会(　　　)他爸妈带吗?"

11) 徐老伯连连摇手, 一(　　　)苦笑地说 : "不! 不! 龙龙是必须(　　　)我领的。"

12) 一到医院, 媳妇也不问公公病情如(　　　), 劈(　　　)就问 : "龙龙带来了吗?"

13) 邻居看不惯这(　　　　)腔调，就说："你们难道只关心小的，就不问问老的?"

14) 他儿子一脸无所(　　　　)的样子说："他现在(　　　　)好我的儿子，我们将来才会照顾他，现在他所做的一切，只是一种'劳务储(　　　　)'，为的是将来我们对他的回(　　　　)。"

15) 至此，邻居们终(　　　　)明白徐老伯缘(　　　　)自己生病进医院，还要带着孙子的原因了。

2. 다음 병음을 중국어로 옮기시오.

1) "Qīn'àide", qīzi guānxīn de wèn zhàngfu : "Nǐ gànmá zhěngtiān chóuméi kǔliǎn?"

　▶ _____

　_____

2) Wǒ jiè gěi yī ge péngyou liǎng wàn yuán zuò zhěngróng shǒushù, wèntí shì xiànzài tā yǐ miànmù quánfēi, wǒ gēnběn zhǎo bu dào tā le!

　▶ _____

　_____

3) Lǎo Lǐ shì ge mànxìngzi de rén, tā mǎi le yī shuāng xié, jíxìngzi de Lǎo Wáng wèn tā : "Zhè shuāng xié duōshao qián?"

　▶ _____

　_____

4) Lǎo Lǐ shēn chū yī zhī jiǎo, shuō："Liǎng kuài sì máo qián."

    ➡ _____

5) Lǎo Lǐ yòu shuō："Bié zháojí, yǒu huà mànmānr shuō."

    ➡ _____

6) Tā shēn chū lìng yī zhī jiǎo, shuō："Zhè zhī yě shì liǎng kuài sì."

    ➡ _____

7) Xú lǎobó yīn zhòngshǔ bèi línjū sòng qù yīyuàn.

    ➡ _____

8) Línzǒu shí, tā hái bù wàng ràng fàng shǔjià de sūnzi Lónglóng yě gēn
   tā yīqǐ qù yīyuàn.

    ➡ _____

    _____

9) Línjūmen shuō："Nǐ zìjǐ dōu lèi chū le bìng, Lónglóng bù huì ràng tā
   bà mā dài ma?"

    ➡ _____

    _____

10) Xú lǎobó liánlián yáoshǒu, yīliǎn kǔxiào de shuō："Bù! Bù! Lónglóng
    shì bìxū yóu wǒ lǐng de."

    ➡ _____

    _____

11) Línjū gàosu Xú lǎobó de érzi、 xífù, Xú lǎobó shēngbìng jìn yīyuàn le, fūqī liǎng dàbàn shǎng cái cóng májiāngzhuō shang xià lái.

➡ _____

_____

12) Yī dào yīyuàn, xífù yě bù wèn gōnggong bìngqíng rúhé, pītóu jiù wèn : "Lónglóng dài lái le ma?"

➡ _____

_____

13) Nǐmen nándào zhǐ guānxīn xiǎo de, jiù bù wèn wèn lǎo de? Nǐ bà zhè bìng dōu shì lèi chūlái de.

➡ _____

_____

14) Tā xiànzài dài hǎo wǒ de érzi, wǒmen jiānglái cái huì zhàogù tā, xiànzài tā suǒ zuò de yīqiè, zhǐshì yī zhǒng 'láowù chǔxù', wèi de shì jiānglái wǒmen duì tā de huíbào.

➡ _____

_____

_____

15) Zhìcǐ, línjūmen zhōngyú míngbái Xú lǎobó yuánhé zìjǐ shēngbìng jìn yīyuàn, hái yào dài zhe sūnzi de yuányīn le.

➡ _____

_____

제10과

足球与恋爱

새 단어

☐	**足球** zúqiú	축구
☐	**与** yǔ	…와〔과〕
☐	**恋爱** liàn'ài	연애. 서로 사랑하다. 연애하다
☐	**球迷** qiúmí	축구 팬(fan). 광적으로 구기를 좋아하는 사람
☐	**向** xiàng	…(으)로. …에게. …을〔를〕 향하여
☐	**讨教** tǎojiào	가르침을 청하다. 지도를 요청하다
☐	**经验** jīngyàn	경험(하다). 체험(하다)
☐	**好比** hǎobǐ	마치…과 같다. 흡사…과 비슷하다
☐	**场** chǎng	회(回). 번. 차례[문예·오락·체육 활동 등에 쓰임]
☐	**津津乐道** jīnjīn lèdào	흥미진진하게 (쉬지 않고) 이야기하다
☐	**守门员** shǒuményuán	(축구·핸드볼·하키 등의) 골키퍼
☐	**母亲** mǔqīn	모친. 엄마. 어머니
☐	**教练** jiàoliàn	감독. 코치(coach). 교련하다. 훈련하다. 코치하다

☐	**爹爹** diēdie	아버지. 부친. 할아버지. 조부
☐	**主裁判** zhǔcáipàn	주심
☐	**眼巴巴** yǎnbābā	눈이 빠지게 기다리는 모양. 간절히 기다 리는 모양. 어쩔 수 없이 멍하니 바라보는 모양. 애가 타도 속수무책인 모양
☐	**挠** náo	(손이나 도구로) 가볍게 긁다. 긁적거리다
☐	**头皮** tóupí	두피
☐	**替补队员** tìbǔ duìyuán	후보(선수)

 본문

小球迷向球迷老王讨教恋爱经验。"谈恋爱好比一场足球赛!"老王津津乐道,"女朋友好比守门员,她母亲好比场外教练,她爹爹好比主裁判。"

"女朋友的姐妹呢?"小球迷眼巴巴问。

"她的姐妹们?"老王挠挠头皮,笑道:"有可能成为替补队员!"

한어병음

　　Xiǎo qiúmí xiàng qiúmí lǎo Wáng tǎojiào liàn'ài jīngyàn. "Tán liàn'ài hǎobǐ yī chǎng zúqiúsài!" Lǎo Wáng jīnjīn lèdào, "Nǚ péngyou hǎobǐ shǒuményuán, tā mǔqīn hǎobǐ chǎngwài jiàoliàn, tā diēdie hǎobǐ zhǔcáipàn."

　　"Nǚ péngyou de jiěmèi ne?" Xiǎo qiúmí yǎnbābā wèn.

　　"Tā de jiěmèimen?" Lǎo Wáng náo náo tóupí, xiào dào : "Yǒu kěnéng chéngwéi tìbǔ duìyuán!"

画家

 **새 단어**

☐	**画家** huàjiā	화가
☐	**朋友** péngyou	친구
☐	**请** qǐng	상대방에게 어떤 일을 부탁하거나 권할 때 쓰는 경어
☐	**张** zhāng	종이, 모피, 책상, 의자, 침대 따위의 넓은 표면을 가진 것을 세는 단위
☐	**画儿** huàr	그림
☐	**同意** tóngyì	동의하다
☐	**但是** dànshì	그렇지만. 그러나
☐	**回** huí	돌아오다. 돌아가다
☐	**着急** zháojí	조급해하다. 안달하다
☐	**过** guò	지나다. 경과하다[어느 지점이나 시점을 지나는 것을 말함]
☐	**给** gěi	…에게. …을 위하여
☐	**里面** lǐmiàn	안. 내부. 속
☐	**走** zǒu	걷다. 걸어가다
☐	**画室** huàshì	화실
☐	**墙** qiáng	벽
☐	**草** cǎo	풀
☐	**让** ràng	…에게…당하다. …에 의해 당하다

본문

　　有一天，画家在他朋友家吃饭。朋友请他画一张画儿，画家同意了。但是回到家里，他着急起来 — 画什么呢? 过了一个月，他朋友来了。 画家说：“我给你画了一张很大的画儿，来，请到里面看看吧。”

　　他朋友走进画室一看，墙上只有一张很大的白纸，就问：“你画的是什么啊?”

　　画家回答：“我画的是牛吃草。”

　　“草在哪儿呢?” 他朋友问。

　　“草都让牛吃了。”

　　“那么牛呢?”

　　画家说：“草都没了，牛还能在这儿吗?”

　　Yǒu yītiān, huàjiā zài tā péngyou jiā chīfàn. Péngyou qǐng tā huà yī zhāng huàr, huàjiā tóngyì le. Dànshì huí dào jiālì, tā zháojí qǐlái — huà shénme ne? Guò le yī ge yuè, tā péngyou lái le. Huàjiā shuō：“Wǒ gěi nǐ huà le yī zhāng hěn dà de huàr, lái, qǐng dào lǐmiàn kàn kàn ba.”

　　Tā péngyou zǒu jìn huàshì yī kàn, qiáng shang zhǐyǒu yī zhāng hěn dà de báizhǐ, jiù wèn：“Nǐ huà de shì shénme a?”

　　Huàjiā huídá：“Wǒ huà de shì niú chī cǎo.”

　　“Cǎo zài nǎr ne?” Tā péngyou wèn.

　　“Cǎo dōu ràng niú chī le.”

　　“Nàme niú ne?”

　　Huàjiā shuō：“Cǎo dōu méi le, niú hái néng zài zhèr ma?”

各归各

 새 단어

☐	**各** gè	각각. 각기. 각자
☐	**归** guī	…의 책임이 되다. …에 속하다. …으로 귀착하다
☐	**上班** shàngbān	출근하다
☐	**途中** túzhōng	도중
☐	**清洁工** qīngjiégōng	청소부
☐	**打扫** dǎsǎo	청소하다
☐	**桥头** qiáotóu	다리의 입구
☐	**握** wò	쥐다. 잡다
☐	**长柄** chángbǐng	긴 자루
☐	**竹丝** zhúsī	대나무를 가늘게 쪼갠 것
☐	**扫帚** sǎozhǒu	빗자루
☐	**不断** bùduàn	끊임없이. 계속해서
☐	**从** cóng	…로 부터
☐	**中央** zhōngyāng	중앙
☐	**向** xiàng	…로 향하여

☐	两旁 liǎngpáng	양 쪽
☐	然后 ránhòu	그런 후에. 그리고 나서
☐	垃圾 lājī	쓰레기
☐	栏杆 lángān	난간
☐	缝隙 féngxì	틈
☐	纷纷扬扬 fēnfēn yángyáng	어지럽게 흩날리는 모양
☐	河 hé	강
☐	落 luò	떨어지다
☐	原来 yuánlái	원래. 본래
☐	洁净 jiéjìng	깨끗하다. 정갈하다
☐	河面 hémiàn	강의 표면
☐	顿时 dùnshí	순식간에. 갑자기. 바로. 일시에
☐	漂 piāo	뜨다. 떠돌다. 떠다니다
☐	满 mǎn	가득하다. 차있다
☐	实在 shízài	진정. 참으로. 확실히
☐	看不下去 kàn bu xiàqù	눈뜨고 볼 수 없다. 가만히 보고 있을 수 없다. 계속하여 볼 수 없다
☐	指出 zhǐchū	지적하다. 가리키다
☐	贪图 tāntú	욕심내다. 탐내다
☐	省事 shěngshì	수고를 덜다. 일을 덜다
☐	抬头 táitóu	머리를 들다
☐	狠狠 hěnhěn	모질게. 매섭게. 잔인하게
☐	瞪 dèng	눈을 부릅뜨고 노려보다. 눈을 부라리다

☐	**管得着** guǎn de zháo	관여할 능력이나 자격이 있다
☐	**打捞** dǎlāo	(물속에 있는 것을) 건져내다. 인양(引扬) 하다
☐	**不用** bùyòng	…할 필요가 없다
☐	**操心** cāoxīn	걱정하다. 염려하다. 신경을 쓰다
☐	**再说** zàishuō	게다가. 덧붙여 말할 것은
☐	**如果** rúguǒ	만약…라면
☐	**下岗** xiàgǎng	실직하다
☐	**失业** shīyè	직업[일]을 잃다
☐	**奇谈怪论** qítán guàilùn	신기한 이야기. 기이한 견해나 논조
☐	**眼界** yǎnjiè	시야. 견문
☐	**队** duì	팀. 어떤 성질을 지닌 단체
☐	**感谢** gǎnxiè	감사하다

본문

　　一日，上班途中，见一女清洁工在打扫桥头，只见她手握长柄竹丝扫帚，不断地从桥中央向两旁扫去，然后将垃圾从桥栏杆的缝隙里，扫到桥下去。垃圾纷纷扬扬向河里落去，原来洁净的河面上，顿时漂满了垃圾。

　　我实在看不下去，就向她指出："你怎么能贪图自己省事，而把垃圾扫进河里？"

　　不想她抬起头来，狠狠瞪了我一眼，说："你管得着吗，垃圾落进河里，自会有水上清洁队打捞，不用你操心。我们桥归桥，路归路，大家各归各；再说，水面上如果没有垃圾，他们水上清洁队没事做，不是要下岗失业吗？"

　　她的这番奇谈怪论，倒让我"大开眼界"，看来，水上清洁队人员真还得好好"感谢"她哩，能让他们有口饭吃。

한어병음

　　Yīrì, shàngbān túzhōng, jiàn yī nǚ qīngjiégōng zài dǎsǎo qiáotóu, zhǐ jiàn tā shǒu wò chángbǐng zhúsī sǎozhǒu, bùduàn de cóng qiáo zhōngyāng xiàng liǎngpáng sǎo qù, ránhòu jiāng lājī cóng qiáo lángān de féngxì lǐ, sǎo dào qiáoxià qù. Lājī fēnfēn yángyáng xiàng héli luò qù, yuánlái jiéjìng de hémiàn shang, dùnshí piāo mǎn le lājī.

　　Wǒ shízài kàn bu xiàqù, jiù xiàng tā zhǐchū : "Nǐ zěnme néng tāntú zìjǐ shěngshì, ér bǎ lājī sǎo jìn héli?"

　　Bù xiǎng tā tái qǐ tóu lái, hěnhěn dèng le wǒ yī yǎn, shuō : "Nǐ guǎn de zháo ma, lājī luò jìn héli, zì huì yǒu shuǐshàng qīngjiéduì dǎlāo, bùyòng nǐ cāoxīn. Wǒmen qiáo guī qiáo, lù guī lù, dàjiā gè guī gè ; zàishuō, shuǐmiàn shang rúguǒ méiyǒu lājī, tāmen shuǐshàng qīngjiéduì méishì zuò, bù shì yào xiàgǎng shīyè ma?"

　　Tā de zhè fān qítán guàilùn, dào ràng wǒ "dà kāi yǎnjiè", kànlái, shuǐshàng qīngjiéduì rényuán zhēn hái děi hǎohǎo "gǎnxiè" tā li, néng ràng tāmen yǒu kǒu fàn chī.

구문 설명

1 我<u>给</u>你画了一张很大的画儿，来，请到里面看看吧。

…에게. …을 위하여. 동작을 받는 사람을 이끈다.

    (1) 给病人治病。
    (2) 我给你当翻译。

2 草都<u>让</u>牛吃了。

…에게 당하다.
'被'와 같이 동작의 주체를 이끌어 낸다.

    (1) 我的自行车让朋友借走了。
    (2) 我们的工作都让他一个人干完了。

1 我们桥<u>归</u>桥，路<u>归</u>路，大家各<u>归</u>各。

중첩동사 사이에 놓여 동작이 서로 관련되지 않거나, 결과가 없음을 나타낸다.

    (1) 玩笑归玩笑，事情可得认真去做。
    (2) 批评归批评，他就是不改。

2 水面上<u>如果</u>没有垃圾，他们水上清洁队没事做，不是要下岗失业吗？

만일 (…라면). 만약 (…라면).

가정을 나타낸다. '如果'는 보통 문두(文頭)나 주어의 뒤에 놓일 수 있다.

(1) 你如果有困难，我可以帮助你。

(2) 如果他不答应，我便有法子。

연습 문제

1. 괄호 안에 들어갈 알맞은 글자를 써넣으시오.

1) 小球迷(　　　)球迷老王讨教恋爱经验。"谈恋爱好比一(　　　)足球赛!"

2) "她的姐妹们?" 老王挠挠头皮，笑道 : "有可能成(　　　)替补队员!"

3) 朋友请他画一(　　　)画儿，画家同意了。

4) 草都(　　　)牛吃了。

5) 草都没(　　　)，牛(　　　)能在这儿吗?

6) 一日，上班途中，见一女清洁工在打扫桥头，只见她手握长柄竹丝扫帚，不断地(　　　)桥中央(　　　)两旁扫去，然后将垃圾从桥栏杆的缝隙里，扫到桥下去。

7) 垃圾纷纷扬扬(　　　)河里落去，原来洁净的河面上，顿(　　　)漂满了垃圾。

8) 不想她抬(　　　)头(　　　)，狠狠瞪了我一眼，说 : "你管得(　　　)吗，垃圾落进河里，自会有水上清洁队打捞，不用你操心。"

9) 我们桥(　　　)桥，路(　　　)路，大家各(　　　)各 ; 再说，水面上如果没有垃圾，他们水上清洁队没事做，不是要下(　　　)失业吗?

10) 她的这(　　　)奇谈怪论，倒让我"大开眼(　　　)"，看来，水上清洁队人员真还得好好"感谢"她哩，能让他们有(　　　)饭吃。

2. 다음 병음을 중국어로 옮기시오.

1) Xiǎo qiúmí xiàng qiúmí lǎo Wáng tǎojiào liàn'ài jīngyàn.

   ➡ _____

2) Tán liànài hǎobǐ yī chǎng zúqiúsài!

   ➡ _____

3) Nǚ péngyou hǎobǐ shǒuményuán, tā mǔqīn hǎobǐ chǎngwài jiàoliàn, tā diēdie hǎobǐ zhǔcáipàn.

   ➡ _____

   _____

4) Lǎo Wáng náo náo tóupí, xiào dào∶"Yǒu kěnéng chéngwéi tìbǔ duìyuán!"

   ➡ _____

5) Yǒu yītiān, huàjiā zài tā péngyou jiā chīfàn.

   ➡ _____

6) Péngyou qǐng tā huà yī zhāng huàr, huàjiā tóngyì le.

   ➡ _____

7) Dànshì huí dào jiāli, tā zháojí qǐlái — huà shénme ne?

   ➡ _____

8) Guò le yī ge yuè, tā péngyou lái le.

   ➡ _____

9) Huàjiā shuō："Wǒ gěi nǐ huà le yī zhāng hěn dà de huàr, lái, qǐng dào

lǐmiàn kàn kàn ba."

▶ _____

   _____

10) Tā péngyou zǒu jìn huàshì yī kàn, qiáng shang zhǐyǒu yī zhāng hěn

dà de báizhǐ, jiù wèn："Nǐ huà de shì shénme a?"

▶ _____

   _____

11) Huàjiā huídá："Wǒ huà de shì niú chī cǎo."

▶ _____

12) Cǎo dōu méi le, niú hái néng zài zhèr ma?

▶ _____

13) Lājī fēnfēn yángyáng xiàng héli luò qù, yuánlái jiéjìng de hémiàn shang,

dùnshí piāo mǎn le lājī.

▶ _____

   _____

14) Wǒ shízài kàn bu xiàqù, jiù xiàng tā zhǐchū："Nǐ zěnme néng tāntú

zìjǐ shěngshì, ér bǎ lājī sǎo jìn héli?"

▶ _____

   _____

15) Nǐ guǎn de zháo ma, lājī luò jìn héli, zì huì yǒu shuǐshàng qīngjiéduì dǎlāo, bù yòng nǐ cāoxīn. Wǒmen qiáo guī qiáo, lù guī lù, dàjiā gè guī gè.

▶ _____

_____

16) Zàishuō, shuǐmiàn shang rúguǒ méiyǒu lājī, tāmen shuǐshàng qīngjiéduì méishì zuò, bù shì yào xiàgǎng shīyè ma?

▶ _____

_____

17) Tā de zhè fān qítán guàilùn, dào ràng wǒ "dà kāi yǎnjiè".

▶ _____

18) Kànlái, shuǐshàng qīngjiéduì rényuán zhēn hái děi hǎohǎo "gǎnxiè" tā li, néng ràng tāmen yǒu kǒu fàn chī.

▶ _____

_____

제11과

谁有责任

 **새 단어**

☐	**责任** zérèn	책임. 마땅히 책임져야 할 과실. 책임 소재
☐	**奶奶** nǎinai	할머니
☐	**孙子** sūnzi	손자
☐	**窗户** chuānghu	창문. 창(窗)
☐	**玻璃** bōli	유리
☐	**打碎** dǎsuì	부수다. 깨지다
☐	**盘子** pánzi	쟁반
☐	**朝** cháo	…을〔를〕 향하여. …쪽으로
☐	**脑袋** nǎodai	(사람이나 동물의) 머리(통). 골(통). 두뇌. 지능
☐	**扔** rēng	던지다
☐	**蹲** dūn	웅크리고 앉다. 쪼그리고 앉다

본문

奶奶问孙子："这个窗户上的玻璃是谁打碎的？"

"是妈妈，但是爸爸也有责任，妈妈把盘子朝他脑袋上扔的时候，爸爸蹲下了。"

Nǎinai wèn sūnzi："Zhè ge chuānghu shang de bōli shì shuí dǎsuì de?"
"Shì māma, dànshì bàba yě yǒu zérèn, māma bǎ pánzi cháo tā nǎodai shang rēng de shíhou, bàba dūn xià le."

骄傲的人

새 단어

☐	**骄傲** jiāo'ào	거만하다. 교만하다
☐	**最** zuì	가장. 제일. 아주
☐	**聪明** cōngming	총명하다
☐	**事情** shìqing	일. 사건
☐	**回答** huídá	대답하다. 답변하다
☐	**问题** wèntí	문제. 질문
☐	**头发** tóufa	머리카락
☐	**零** líng	영
☐	**脱** tuō	벗다
☐	**帽子** màozi	모자
☐	**原来** yuánlái	원래. 본래. 알고 보니[실제 상황을 알아 냈음을 나타냄]
☐	**连…也…** lián…yě…	…조차도. …마저도. …까지도

본문

有一个人非常骄傲，觉得自己最聪明，知道的事情最多。一天，来了一个老人，跟他说："先生，我见过很多聪明人，他们知道的事情真多，但是还没有一个人能回答我的问题。请问，您能回答吗?"

那人听了，笑笑说："没有我不能回答的问题，你问吧。"老人问："您知道的事情有多少?"

那人想了想，说："我知道的事情跟你的头发一样多。"

老人笑了，"那么，您知道的是零了。"　说着，他脱下帽子，原来他连一根头发也没有。

Yǒu yī ge rén fēicháng jiāo'ào, juéde zìjǐ zuì cōngming, zhīdào de shìqing zuì duō. Yītiān, lái le yī ge lǎorén, gēn tā shuō : "Xiānsheng, wǒ jiàn guo hěn duō cōngmingrén, tāmen zhīdào de shìqing zhēn duō, dànshì hái méiyǒu yī ge rén néng huídá wǒ de wèntí. Qǐng wèn, nín néng huídá ma?"

Nà rén tīng le, xiào xiào shuō : "Méiyǒu wǒ bù néng huídá de wèntí, nǐ wèn ba." Lǎorén wèn : "Nín zhīdào de shìqing yǒu duōshao?"

Nà rén xiǎng le xiǎng, shuō : "Wǒ zhīdào de shìqing gēn nǐ de tóufa yīyàng duō." Lǎorén xiào le, "Nàme, nín zhīdào de shì líng le." Shuō zhe, tā tuō xià màozi, yuánlái tā lián yī gēn tóufa yě méiyǒu.

老太婆

 새 단어

☐	**老太婆** lǎotàipó	할멈. 노파. 노친네. 할망구
☐	**日前** rìqián	일전. 며칠 전
☐	**超市** chāoshì	슈퍼마켓(超级市场)의 약칭
☐	**购物** gòuwù	물품을 구입하다. 물건을 사다
☐	**熟食** shúshí	(가공된) 익힌 음식〔고기〕. 가공육[주로 판매되는 육류 등을 가리킴]
☐	**柜台** guìtái	계산대. 카운터
☐	**红烧猪手** hóngshāo zhūshǒu	간장을 넣어 만든 돼지 족발
☐	**味** wèi	맛
☐	**询问** xúnwèn	질문하다. 문의하다. 알아보다
☐	**营业员** yíngyèyuán	영업원. 종업원
☐	**能否** néngfǒu	…할 수 있을까? …할 수 있을는지?
☐	**尝** cháng	맛보다
☐	**一点** yīdiǎn	조금. 약간
☐	**位** wèi	분[사람을 세는 단위]
☐	**怎么这么** zěnme zhème	어쩌면 이렇게

☐	难 nán	어렵다. 곤란하다. 힘들다. 곤란하게 하다. 어렵게 하다. 난처하게 만들다
☐	弄 nòng	다루다
☐	提 tí	제기하다
☐	生意 shēngyi	장사. 영업
☐	意见 yìjiàn	의견
☐	文明 wénmíng	문명. 교양이 있다. 예의바르다
☐	礼貌 lǐmào	예의. 예절
☐	不料 bùliào	뜻밖에도. 의외에
☐	多么 duōme	얼마나[감탄문에 쓰여 정도가 심한 것을 나타냄]
☐	敬重 jìngzhòng	존경하다
☐	加上 jiāshàng	더하다. 첨가하다
☐	说明 shuōmíng	설명하다
☐	老前辈 lǎoqiánbèi	노인. 늙은이. 대선배
☐	因此 yīncǐ	이로 인해. 따라서
☐	尊称 zūnchēng	존칭
☐	何必 hébì	구태여[하필]…할 필요가 있는가? …할 필요가 없다
☐	那么 nàme	그러면
☐	斤斤计较 jīnjīn jìjiào	(자질구레한 것들을) 지나치게 따지다
☐	胡搅蛮缠 hújiǎo mánchán	함부로 시끄럽게 훼방을 놓다. 마구 생 트집을 잡다

☐	**歪理** wāilǐ	생억지. 강변(强辯)
☐	**百出** bǎichū	형형색색이다. 백출하다[폄하하여 쓰는 말]
☐	**背** bèi	등지다
☐	**雅号** yǎhào	아호(雅號). 별명[해학적인 의미를 내포함]
☐	**悻悻** xìngxìng	성내는 모양
☐	**离开** líkāi	떠나다
☐	**熟食柜** shúshíguì	반찬 진열대

본문

　　日前，我爱人去某超市购物，在一熟食柜台前，想买点"红烧猪手"，但不知其味，询问营业员能否尝一点。谁知，这位营业员说："你这位'老太婆'怎么这么难弄，你尝他尝我生意还做不做？"

　　我爱人提意见说："请说话文明点，我现在不到60，就叫'老太婆'不礼貌。"不料这话一说，这位营业员回答道："'老太婆'前二个字是老太，多么敬重；后加上'婆'字，说明是老前辈，因此，'老太婆'三个字是'尊称'，你何必那么斤斤计较。"

　　这位营业员胡搅蛮缠还歪理百出。我爱人只能背着这'老太婆'的雅号，悻悻地离开这熟食柜。

한어병음

Rìqián, wǒ àiren qù mǒu chāoshì gòuwù, zài yī shúshí guìtái qián, xiǎng mǎi diǎn "hóngshāo zhūshǒu", dàn bù zhī qí wèi, xúnwèn yíngyèyuán néngfǒu cháng yīdiǎn. Shuí zhī, zhè wèi yíngyèyuán shuō : "Nǐ zhè wèi 'lǎotàipó' zěnme zhème nán nòng, nǐ cháng tā cháng wǒ shēngyi hái zuò bu zuò?"

Wǒ àiren tí yìjiàn shuō : "Qǐng shuō huà wénmíng diǎn, wǒ xiànzài bù dào liù shí, jiù jiào 'lǎotàipó' bù lǐmào." Bùliào zhè huà yī shuō, zhè wèi yíngyèyuán huídá dào : "'lǎotàipó' qián èr ge zì shì lǎotài, duōme jìngzhòng ; hòu jiāshàng 'pó' zì, shuōmíng shì lǎoqiánbèi, yīncǐ, 'lǎotàipó' sān ge zì shì 'zūnchēng', nǐ hébì nàme jīnjīn jìjiào."

Zhè wèi yíngyèyuán hújiǎo mánchán hái wāilǐ bǎichū. Wǒ àiren zhǐ néng bèi zhe zhè 'lǎotàipó' de yǎhào, xìngxìng de líkāi zhè shúshíguì.

구문 설명

1 您知道的事情有多少?

얼마. 몇.
수량이 얼마인지를 물을 때 쓴다.

   (1) 你带了多少钱?
   (2) 你们研究所有多少人?

2 原来他连一根头发也没有。

강조를 나타낸다. '连…' 뒤에 '都, 也, 还' 등과 호응하여 쓰인다.

1) '连+수량사'의 형태로 쓴다. 수사는 '一'만 쓸 수 있고, 부정형만
   술어로 올 수 있다.

   (1) 这个月他真忙, 连一天也没休息。
   (2) 屋子里真安静, 好象连一个人都没有。

2) '连+명사'의 형태로 쓴다.

   (1) 时间太紧了, 他连饭也没吃就走了。
   (2) 这个问题太简单了, 连孩子也能回答。

3) '连+동사'의 형태로 쓴다. 술어로는 부정형만 온다.

    (1) 这么漂亮的帽子，我连看也没看见过。

    (2) 他连下象棋都不会。

Step 3 구문 설명

1 你这位 '老太婆' <u>怎么</u>这么难弄，你尝他尝我生意还做不做?

어째서. 왜.
원인을 물을 때 쓴다. '为什么'와 같은 의미로 쓰인다.

    (1) 他怎么这样高兴?

    (2) 屋里怎么这么黑?

2 '老太婆' 前二个字是老太，<u>多么</u>敬重。

얼마나.
정도가 아주 높음을 나타낸다. 과장의 어감과 강한 뉘앙스가 있다.
주로 감탄문에 쓰인다.

    (1) 多么有意思啊!

    (2) 多么好!

 **연습 문제**

1. 괄호 안에 들어갈 알맞은 글자를 써넣으시오.

1) 奶奶问孙子：“这个窗户上的玻璃是谁打(　　　)的？”

2) “是妈妈，但是爸爸也有责任，妈妈(　　　)盘子(　　　)他脑袋上扔的时候，爸爸蹲(　　　)了。”

3) 有一个人非常骄(　　　)，觉得自己最聪明，知道的事情最多。

4) 一天，来了一个老人，跟他说：“先生，我见过很多聪(　　　)人，他们知道的事情真多，但是还没有一个人能回答我的问(　　　)。”

5) 那人听了，笑笑说：“没有我不(　　　)回答的问题，你问吧。”

6) 那人想了想，说：“我知道的事情(　　　)你的头发一(　　　)多。”

7) 老人笑了，“那么，您知道的是零了。”说着，他脱(　　　)帽子，原来他(　　　)一根头发(　　　)没有。

8) 日前，我爱人去某超市(　　　)物，在一熟食柜台前，想买点“红烧猪手”，但不知其味，询(　　　)营业员能否尝一点。

9) 谁知，这位营(　　　)员说：“你这位‘老太婆’怎么这么难弄，你尝他尝我生意还做不做？”

10) 我爱人提意见说：“请说话文明点，我现在不到60，就叫‘老太婆’不(　　　)貌。”

11) 不料这话一说，这位营业员回答道：“‘老太婆’前二个字是老太，多么敬(　　　)；后加上‘婆’字，说明是老前(　　　)，因此，‘老太婆’三个字是‘尊(　　　)’，你何必那么斤斤计(　　　)。”

12) 这位营业员胡( )蛮( )还歪理百出。我爱人只能背着这'老
太婆'的雅( )，悻悻地离开这熟食柜。

2. 다음 병음을 중국어로 옮기시오.

1) Nǎinai wèn sūnzi："Zhè ge chuānghu shang de bōli shì shuí dǎsuì de?"

　▶ ＿＿＿＿＿＿＿＿＿＿＿＿＿＿＿＿＿

2) Yǒu yī ge rén fēicháng jiāo'ào, juéde zìjǐ zuì cōngming, zhīdào de shìqing
zuì duō.

　▶ ＿＿＿＿＿＿＿＿＿＿＿＿＿＿＿＿＿
　＿＿＿＿＿＿＿＿＿＿＿＿＿＿＿＿＿

3) Xiānsheng, wǒ jiàn guo hěn duō cōngmingrén, tāmen zhīdào de shìqing
zhēn duō, dànshì hái méiyǒu yī ge rén néng huídá wǒ de wèntí.

　▶ ＿＿＿＿＿＿＿＿＿＿＿＿＿＿＿＿＿
　＿＿＿＿＿＿＿＿＿＿＿＿＿＿＿＿＿

4) Nà rén tīng le, xiào xiào shuō："Méiyǒu wǒ bù néng huídá de wèntí,
nǐ wèn ba."

　▶ ＿＿＿＿＿＿＿＿＿＿＿＿＿＿＿＿＿
　＿＿＿＿＿＿＿＿＿＿＿＿＿＿＿＿＿

5) Lǎorén wèn："Nín zhīdào de shìqing yǒu duōshao?"

　▶ ＿＿＿＿＿＿＿＿＿＿＿＿＿＿＿＿＿

6) Wǒ zhīdào de shìqing gēn nǐ de tóufa yīyàng duō.

   ➡ _____

7) Lǎorén xiào le, "Nàme, nín zhīdào de shì líng le."

   ➡ _____

8) Shuō zhe, tā tuō xià màozi, yuánlái tā lián yī gēn tóufa yě méiyǒu.

   ➡ _____

9) Rìqián, wǒ àiren qù mǒu chāoshì gòuwù, zài yī shúshí guìtái qián, xiǎng
   mǎi diǎn "hóngshāo zhūshǒu", dàn bù zhī qí wèi, xúnwèn yíngyèyuán
   néngfǒu cháng yīdiǎn.

   ➡ _____

   _____

   _____

10) Nǐ zhè wèi 'lǎotàipó' zěnme zhème nán nòng, nǐ cháng tā cháng wǒ
   shēngyi hái zuò bu zuò?

   ➡ _____

   _____

11) Qǐng shuō huà wénmíng diǎn, wǒ xiànzài bù dào liù shí, jiù jiào 'lǎotàipó'
   bù lǐmào.

   ➡ _____

   _____

12) Zhè wèi yíngyèyuán hújiǎo mánchán hái wāilǐ bǎichū.

    ▶ _____

13) Wǒ àiren zhǐ néng bèi zhe zhè 'lǎotàipó' de yǎhào, xìngxìng de líkāi
    zhè shúshíguì.

    ▶ _____
    _____

제12과

用指头和用脑子

 새 단어

☐	**手指头** shǒuzhǐtóu	손가락
☐	**脑子** nǎozi	머리
☐	**老是** lǎoshì	언제나. 늘. 항상. 줄곧
☐	**扳** bān	(위치가 고정된 것을) 방향을 바꾸다. 움직이다. 돌리다. 당기다. 틀다. 젖히다. 손가락을 꼽다
☐	**算术题** suànshùtí	산수 문제
☐	**不够** bùgòu	부족하다. 충족하지 않다. (수량이나 정도가 요구에) 모자라다. 미치지 못하다. 불충분하다
☐	**加上** jiāshàng	더하다. 첨가하다. 그 위에. 게다가
☐	**脚趾头** jiǎozhǐtóu	발가락
☐	**发愁** fāchóu	근심하다. 걱정하다
☐	**一旁** yīpáng	옆. 곁. 측면. 부근. 근처

본문

　　豆豆老是扳着手指头做算术题，手指头不够用了，就加上脚趾头。后来，加上脚趾头也不够用了，他发愁地说："手指头和脚趾头都用上了，还是不够使，这怎么办呢？"

　　姐姐在一旁说："指头不够用了，你不会用脑子吗？"

　　豆豆说："手指头和脚趾头那么多，还不够用哩，脑子只有一个，不是更不够用了吗？"

한어병음

　　Dòudou lǎoshì bān zhe shǒuzhǐtóu zuò suànshùtí, shǒuzhǐtóu bùgòu yòng le, jiù jiāshàng jiǎozhǐtóu. Hòulái, jiāshàng jiǎozhǐtóu yě bùgòu yòng le, tā fāchóu de shuō："Shǒuzhǐtóu hé jiǎozhǐtóu dōu yòng shàng le, háishi bùgòu shǐ, zhè zěnme bàn ne?"

　　Jiějie zài yīpáng shuō："Zhǐtóu bùgòu yòng le, nǐ bù huì yòng nǎozi ma?"

　　Dòudou shuō："Shǒuzhǐtóu hé jiǎozhǐtóu nàme duō, hái bùgòu yòng li, nǎozi zhǐyǒu yī ge, bù shì gèng bùgòu yòng le ma?"

她是我女儿

 새 단어

☐	**火车** huǒchē	기차
☐	**车厢** chēxiāng	차체. 차량
☐	**满** mǎn	그득하다. 가득하다
☐	**小伙子** xiǎohuǒzi	젊은이. 총각
☐	**占** zhàn	차지하다. 점거하다
☐	**座位** zuòwèi	자리. 좌석
☐	**老大爷** lǎodàye	어르신. 할아버지[주로 낯선 사람을 가리킴]
☐	**轻** qīng	가볍다
☐	**身后** shēnhòu	몸의 뒤
☐	**年轻** niánqīng	젊다. 어리다
☐	**美丽** měilì	아름답다. 미려하다
☐	**朝** cháo	…으로 향하다
☐	**生气** shēngqì	화내다. 성내다
☐	**刚才** gāngcái	지금 막. 방금
☐	**立刻** lìkè	즉시. 곧. 당장
☐	**妹妹** mèimei	여동생
☐	**胡说** húshuō	터무니없는 말을 하다. 엉터리로 말하다

본문

　　火车要开了，车厢里坐满了人。一个小伙子占了两个人的座位。一位老大爷走过来，轻轻地对他说："小伙子，请你往里一点儿，让我也坐一坐。"

　　小伙子大声地说："这儿有人坐!" 老大爷只好站在他身后。一会儿，一位年轻美丽的姑娘朝这里走来。

　　小伙子看见了笑着站起来，说："请坐，这个座位没人。"老人生气地问："你刚才不是说这儿有人坐吗?"小伙子立刻回答："我说的就是她，她是我妹妹。" 老大爷更生气了，说："你胡说! 她是我女儿，我是什么时候有你这么个儿子的?"

Huǒchē yào kāi le, chēxiāng li zuò mǎn le rén. Yī ge xiǎohuǒzi zhàn le liǎng ge rén de zuòwèi. Yī wèi lǎodàye zǒu guòlái, qīng qīng de duì tā shuō："Xiǎohuǒzi, qǐng nǐ wǎng lǐ yīdiǎnr, ràng wǒ yě zuò yī zuò."

Xiǎohuǒzi dàshēng de shuō: "Zhèr yǒu rén zuò!" Lǎodàye zhǐhǎo zhàn zài tā shēnhòu. Yīhuìr, yī wèi niánqīng měilì de gūniang cháo zhèli zǒu lái.

Xiǎohuǒzi kàn jiàn le xiào zhe zhàn qǐlái, shuō："Qǐng zuò, zhè ge zuòwèi méi rén." Lǎorén shēngqì de wèn："Nǐ gāngcái bù shì shuō zhèr yǒu rén zuò ma?" Xiǎohuǒzi lìkè huídá："Wǒ shuō de jiùshì tā, tā shì wǒ mèimei." Lǎodàye gèng shēngqì le, shuō："Nǐ húshuō! Tā shì wǒ nǚ'ér, wǒ shì shénme shíhou yǒu nǐ zhè me ge érzi de?"

花头

 **새 단어**

☐	花头 huātou	술수. 계책. 꾀
☐	个体 gètǐ	개인. 자영업(자). 개인 사업(자)
☐	洗足店 xǐzúdiàn	발 마사지 가게
☐	足癣 zúxuǎn	무좀
☐	痒 yǎng	가렵다. 간지럽다
☐	需 xū	필요하다. 요구되다
☐	包括 bāokuò	포함하다
☐	脚癣 jiǎoxuǎn	무좀
☐	在内 zàinèi	내포하다. 포함하다
☐	脚气病 jiǎoqìbìng	각기병
☐	立等 lìděng	잠시 서서 기다리다
☐	可 kě	…할 수 있다
☐	除 chú	제거하다. 없애다
☐	并 bìng	또한. 아울러
☐	明码 biāojià	정찰 가격. 명시 가격
☐	标价 biāojià	표시 가격. 상품의 가격을 표시하다
☐	付 fù	지불하다
☐	入屋坐定 rùwū zuòdìng	방에 들어가 자리를 잡다

☐	店主 diànzhǔ	가게 주인
☐	端 duān	두 손으로 받쳐 들다
☐	盆 pén	대야·화분 등으로 담는 수량을 세는 데 쓰임
☐	热水 rèshuǐ	뜨거운 물
☐	脚底 jiǎodǐ	발바닥
☐	脚背 jiǎobèi	발등
☐	摸 mō	만지다. 쓰다듬다
☐	浸 jìn	(물에) 담그다
☐	瓶 píng	병
☐	滴 dī	한 방울씩 떨어뜨리다〔떨어지다〕
☐	药水 yàoshuǐ	물약
☐	价格 jiàgé	가격
☐	昂贵 ángguì	물건 값이 비싸다
☐	止痒 zhǐyǎng	가려움을 그치게 하다
☐	效果 xiàoguǒ	효과
☐	完成 wánchéng	완성하다
☐	掏 tāo	꺼내다. 파내다. 끄집어내다
☐	准备 zhǔnbèi	준비하다
☐	却 què	도리어. 오히려. 반대로. 그러나
☐	离开 líkāi	떠나다
☐	双 shuāng	쌍. 켤레[쌍을 이룬 것에 대해 쓰는 양사]
☐	仅 jǐn	단지. 다만
☐	收 shōu	받다. 접수하다. 받아들이다
☐	总共 zǒnggòng	모두. 전부. 합쳐서
☐	明白 míngbái	이해하다
☐	上当 shàngdāng	속임을 당하다. 속다. 꾐에 빠지다

본문

　　日前，走到平型关路，看见一家个体洗足店，说足癣脚痒者只需进店洗一次，包括脚癣在内的脚气病立等可除，并明码标价，洗一次付10元钱。

　　我入屋坐定，店主端来一盆热水，在我脚底脚背摸几下，此后让我脚浸在水中，拿出一只小瓶滴了些什么东西在盆里，说这是药水，价格昂贵，止痒效果好。洗足完成后，我掏10元钱准备离开。

　　店主却说："先生你洗一只脚是10元，一双脚就是20元，药水仅收5元钱，总共25元。"我这才明白我上当了。

한어병음

　　Rìqián, zǒu dào Píngxíngguān lù, kàn jiàn yī jiā gètǐ xǐzúdiàn, shuō zúxuǎn jiǎo yǎng zhě zhǐ xū jìn diàn xǐ yī cì, bāokuò jiǎoxuǎn zàinèi de jiǎoqìbìng lìděng kě chú, bìng míngmǎ biāojià, xǐ yī cì fù shí yuán qián.

　　Wǒ rùwū zuòdìng, diànzhǔ duān lái yī pén rèshuǐ, zài wǒ jiǎodǐ jiǎobèi mō jǐ xià, cǐhòu ràng wǒ jiǎo jìn zài shuǐzhōng, ná chū yī zhī xiǎo píng dī le xiē shénme dōngxi zài pén li, shuō zhè shì yàoshuǐ, jiàgé ánggui, zhǐyǎng xiàoguǒ hǎo. Xǐ zú wánchéng hòu, wǒ tāo shí yuán qián zhǔnbèi líkāi.

　　Diànzhǔ què shuō : "Xiānsheng nǐ xǐ yī zhī jiǎo shì shí yuán, yī shuāng jiǎo jiùshì èr shí yuán, yàoshuǐ jǐn shōu wǔ yuán qián, zǒnggòng èr shí wǔ yuán." Wǒ zhè cái míngbái wǒ shàngdāng le.

구문 설명

1 小伙子，请你往里<u>一点儿</u>，让我也坐一坐。

조금. 약간.

수량이 적거나 명확하지 않음을 나타낸다. 문장 앞머리에 쓰이지
않을 때는 '一'를 생략할 수 있다.

1) 명사 앞에서 관형어로 쓰이는 경우

　(1) 晚上他吃了一点儿饭就走了。

　(2) 每天早上他都喝一点儿茶。

2) 형용사 뒤에서 보어로 쓰이는 경우

　(1) 昨天很热，今天凉快一点儿了。

　(2) 上星期他的病很重，现在好一点儿了。

2 老大爷<u>只好</u>站在他身后。

할 수 없이. 부득이. 부득불.

선택의 여지가 없음을 나타낸다.

　(1) 我听不懂他说的话，只好请朋友翻译。

　(2) 大家都走累了，只好坐下休息一会儿。

　(3) 他还没来，我只好一个人先走了。

　(4) 我们都不会说，只好你代表大家说说了。

Step 3 구문 설명

1 包括脚癣在内的脚气病立等可除，并明码标价，洗一次付10元钱。

포함하다. 포괄하다.
앞에 '其中'이 오거나 뒤에 '在内', '在…内〔以内, 之内〕' 등이 올 수 있다.

(1) 我说'大家'，自然包括你在内。
(2) 最近出版了一百多种新书，其中包括一些外国文学名著。

2 店主却说：先生你洗一只脚是10元，一双脚就是20元，药水仅收5元钱，总共25元。

도리어. 오히려. 반대로. 그러나.
역접을 나타낸다. '倒', '可'보다 의미 전환의 느낌이 약하다.

(1) 应该来的人没有来，不该来的人却来了。
(2) 想说却说不出来。

3 一双脚就是20元，药水仅收5元钱，总共25元。

모두. 전부. 합해서.
수량의 총합을 나타낸다. 뒤에는 반드시 수량사가 온다.

(1) 这家公司很大，总共五千多人。
(2) 总共多少钱?

 **연습 문제**

1. 괄호 안에 들어갈 알맞은 글자를 써넣으시오.

1) 豆豆老是扳着手指头(　　　)算术题，手指头不够用了，就加上脚趾头。

2) 姐姐在一旁说：“指头不够用了，你不(　　　)用脑子吗？”

3) 豆豆说：“手指头和脚趾头那么多，还不够用哩，脑子只有一个，不是(　　　)不够用了吗？”

4) 火车要开(　　　)，车厢里坐(　　　)了人。

5) 一位老大爷走过来，轻轻地对他说：“小伙子，请你(　　　)里一点儿，(　　　)我也坐一坐。”

6) 小伙子大声地说：“这儿有人坐！”老大爷只(　　　)站在他身后。一会儿，一位年轻美丽的姑娘(　　　)这里走来。

7) 小伙子立(　　　)回答：“我说的就是她，她是我妹妹。”

8) 日前，走到平型关路，看见一(　　　)个体洗足店，说足癣脚痒者只需进店洗一次，包括脚癣在内的脚气病立等可(　　　)，并明码标(　　　)，洗一次(　　　)10元钱。

9) 我入屋坐定，店主端来一(　　　)热水，在我脚底脚背摸几下，此后让我脚浸(　　　)水中，拿出一只小瓶滴了些什么东西在盆里，说这是药水，价格昂贵，止痒效果好。

10) 店主却说：“先生你洗一(　　　)脚是10元，一(　　　)脚就是20元，药水仅收5元钱，总共25元。”我这才明白我上(　　　)了。

2. 다음 병음을 중국어로 옮기시오.

1) Dòudòu lǎoshì bān zhe shǒuzhǐtóu zuò suànshùtí, shǒuzhǐtóu bùgòu yòng le, jiù jiāshàng jiǎozhǐtóu.

➡ _____

_____

2) Hòulái, jiāshàng jiǎozhǐtóu yě bùgòu yòng le, tā fāchóu de shuō.

➡ _____

3) Shǒuzhǐtóu hé jiǎozhǐtóu dōu yòng shàng le, háishi bùgòu shǐ, zhè zěnme bàn ne?

➡ _____

_____

4) Zhǐtóu bùgòu yòng le, nǐ bù huì yòng nǎozi ma?

➡ _____

5) Shǒuzhǐtóu hé jiǎozhǐtóu nàme duō, hái bùgòu yòng li, nǎozi zhǐyǒu yī ge, bù shì gèng bùgòu yòng le ma?

➡ _____

_____

6) Huǒchē yào kāi le, chēxiāng li zuò mǎn le rén.

➡ _____

7) Yī ge xiǎohuǒzi zhàn le liǎng ge rén de zuòwèi.

➡ _____

8) Yī wèi lǎodàye zǒu guòlái, qīng qīng de duì tā shuō.

> ➡ _____

9) Xiǎohuǒzi, qǐng nǐ wǎng lǐ yīdiǎnr, ràng wǒ yě zuò yī zuò.

> ➡ _____

10) Yīhuìr, yī wèi niánqīng měilì de gūniang cháo zhèli zǒu lái.

> ➡ _____

11) Nǐ húshuō! Tā shì wǒ nǚ'ér, wǒ shì shénme shíhou yǒu nǐ zhè me ge érzi de?

> ➡ _____

12) Rìqián, zǒu dào Píngxíngguān lù, kàn jiàn yī jiā gètǐ xǐzúdiàn, shuō zú xuǎn jiǎo yǎng zhě zhǐ xū jìn diàn xǐ yī cì, bāokuò jiǎoxuǎn zàinèi de jiǎoqìbìng lìděng kě chú, bìng míngmǎ biāojià, xǐ yī cì fù shí yuán qián.

> ➡ _____
> _____
> _____

13) Wǒ rùwū zuòdìng, diànzhǔ duān lái yī pén rèshuǐ, zài wǒ jiǎodǐ jiǎobèi mō jǐ xià, cǐhòu ràng wǒ jiǎo jìn zài shuǐzhōng, ná chū yī zhī xiǎo píng dī le xiē shénme dōngxi zài pén li, shuō zhè shì yàoshuǐ, jiàgé ángguì, zhǐyǎng xiàoguǒ hǎo.

> ➡ _____
> _____
> _____

14) Xǐ zú wánchéng hòu, wǒ tāo shí yuán qián zhǔnbèi líkāi.

➡ _____

15) Diànzhǔ què shuō："Xiānsheng nǐ xǐ yī zhī jiǎo shì shí yuán, yī shuāng jiǎo jiùshì èr shí yuán, yàoshuǐ jǐn shōu wǔ yuán qián, zǒnggòng èr shí wǔ yuán."

➡ _____

_____

_____

16) Wǒ zhè cái míngbái wǒ shàngdāng le.

➡ _____

부록

◉ 본문 해석

◉ 연습 문제 답안

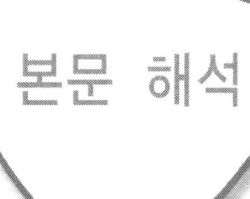

본문 해석

제1과

Step 1 흰머리가 생긴 이유

아들 : "아빠, 아빠는 이제 겨우 서른 살이 조금 넘었는데, 왜 흰머리가 있어요?"

아빠 : "다 너 때문에 속이 상해서 그런 거야."

아들 : "아?! 할아버지 머리가 백발인 이유를 몰랐었는데, 이제 알겠어요."

Step 2 이빨로 판단하다

한 초등학교에서 선생님이 학생들에게 물었다. "닭이 늙었는지 안 늙었는지를 어떻게 알 수 있을까?"

한 학생이 "이빨을 가지고 판단합니다."라고 대답했다.

선생님이 "그런데, 닭은 이빨이 없는데!"라고 하자, 그 학생이 또 대답했다. "닭은 비록 이빨이 없지만, 저는 이빨이 있거든요. 이빨로 한 번 씹어봐서, 육질이 부드러우면 닭이 어린 거고, 부드럽지 않으면 늙은 거예요."

Step 3 듣기 좋은 비용

일요일 저녁, 심 선생은 가족들을 데리고 사천로에 있는 음식점에 가서 식사를 하였다. 술과 밥을 배불리 먹고 나서, 심 선생이 계산을 해달라고 하자, 종업원이 그가 볼 수 있도록, 얼른 명세서를 건네주었다. 자세히 대조해 본 후, 144원임을 확인하고, 그 자리에서 150위안을 주면서, 영수증을 끊어달라고 하였다.

얼마 안 되어, 종업원이 영수증과 거스름돈 5위안을 가지고 심 선생에게로 왔다. 심 선생은 영수증과 거스름돈을 받아보고서 물었다. "명세서에는 144위안이라고 되어 있는데, 왜 145위안을 받은 거죠?"

종업원 아가씨는 이 말을 듣고 얼른 설명을 하였다. "144(要死死)는 듣기 좋지 않아서, 1위안을 더 받았어요. 그게 바로 듣기 좋은 비용이에요"

심 선생 가족은 이러한 설명을 듣고, 정말 어처구니가 없었다.

제2과

Step 1 물건 버리기

곧 새집으로 이사를 하려고 하자, 왕씨는 오래된 물건들을 처리하기로 결심했다.

그가 부인에게 "3년 이상 건드리지 않았거나, 사용하지 않았던 것들은 다 갖다 버려요!"라고 했다.

부인이 조급해하며 "그럼, 5년 만기 정기예금통장은 어떻게 할까요?"라고 하자, "그건 서랍 안에 다 버려요!"라고 했다.

Step 2 누가 수영을 잘할까?

청년 세 명이 강가에 앉아서 한담을 나누고 있었다.

첫 번째 사람이 말하기를, "우리 할아버지는 수영을 정말 잘하셔. 바로 이곳에서, 물속에 들어가서 3분이나 계시는 것을 봤거든." 그러자 두 번째 사람이 말하기를, "우리 할아버지가 더 잘하셔. 물속에서 3분 30초나 계셨거든." 이어 세 번째 사람이 말하기를, "너희들은 말을 마라! 우리 할아버지야말로 진짜 수영을 잘하셔. 여기서 뛰어드신 지 이미 4년이 됐는데, 아직도 올라오지 않고 계시거든!"

Step 3 자리 차지하기

고희를 넘긴 강씨 할머니는 당일 발행하는 새 주식을 사려고 某증권회사에 갔다. 증권시장 안에 주식투자자가 많지 않은 것을 보고, 아무 좌석이나 하나 찾아서 앉았다. 그런데, 뜻밖에도 삼분이 채 안 되어 강씨 할머니는 놀라서 벌떡 일어났다. 알고 보니, 누군가가 홍갈색 플라스틱 등받이 의자의 좌석 가장 깊숙한 곳에 반 컵 정도의 차를 부어놓았던 것이었다.

강씨 할머니의 바지와 속옷이 모두 다 젖어버렸다. 당시, 장내에 등불이 희미해서 좌석에 고여있는 물을 볼 수가 없었다. 알고 보니, 몇몇 주식투자자들이 자리를 차지하기 위해서, 좌석 위에 병을 놓아두기도 하고, 신문이나 끈을 놓아두고 개인 전용의자로 삼기도 하고, 어떤 이는 나갈 때 고의로 물을 부어 놓기도 한다고 하니, 이런 행위는 참으로 부도덕하다고 하겠다.

제3과

Step 1 눈이 좋아지다

부인이 화가 나서 남편에게 화를 내며, "애당초 내가 눈이 멀어서 당신한테 시집왔지……"라고 하자, 아들이 옆에서 엄마 눈을 바라봤다.

엄마가 "너 뭘 보니?"라고 묻자, 아들이 "엄마, 원래 전에는 맹인이었는데, 지금은 좋아진 거예요. 아빠한테 시집온 후에 눈이 좋아진 거네요, 좋아진 거죠……"라고 했다.

Step 2 배우자는 여자야

서로 모르는 사이인 두 남자가 같이 한담을 나누고 있었다. 한 사람이 "당신 집에 누가 있나요?"라고 묻자, "배우자가 있어요. 여자에요."라고 말했다. 그러자 그 사람이 웃으며, "당연히 여자겠지요. 설마 남자일 리가 있겠어요?"라고 했다.

"왜 안 되죠? 제 여동생의 배우자가 바로 남자인데요."

Step 3 닭똥 전병

일전에 이웃에 사는 진씨 아주머니가 안화로에 있는 어느 노점 전병가게에서 계란과 요우티아오를 넣은 전병을 샀다. 노점 여주인은 밀가루 반죽을 펼쳐 놓고, 계란상자에서 계란 하나를 꺼내서, 전병이 놓여있는 평평한 철판에 딱하고 치더니, 계란껍질을 깨서 계란을 전병 위로 흘려보냈다.

그런데 뜻밖에도 이때 계란껍질 위에 묻어있던 한 점의 닭똥이 전병 위로 떨어졌다. 정말 구토가 날 것 같았다. 이때 진씨 아주머니가 노점 여주인에게 "닭똥이 전병 위로 떨어졌는데, 어떻게 먹으라는 겁니까!"라고 했다. 그런데 누가 알았겠는가? 노점 여주인이 "계란이 닭의 똥구멍에서 나오는 건데, 닭똥 좀 묻은 게 뭐 그리 대단한 거라고 그래요"라고 대답할 줄을……

이윽고 여주인이 다 부쳐진 계란전병을 진씨 아주머니에게 건네주자, 진씨 아주머니는 이 '닭똥 전병'을 보면서, 어떻게 해야 좋을지를 몰랐다.

제4과

Step 1 사윗감 고르기

婷婷에게는 두 명의 남자친구가 있었는데, 한 명은 골동품상이고, 다른 한 명은 신문기자였다.

婷婷은 누구를 신랑감으로 골라야할지 결정을 내리지 못해 엄마한테 물었다.

婷婷: "엄마, 둘 중에 누구를 고르는 게 좋을까요?"

엄마: "당연히 골동품상이지!"

婷婷: "왜요?

엄마: "바보 같으니라고! 아직도 모르겠니? 골동품상은 오래된 것을 좋아하고 새 것을 싫어하고,
신문기자는 새로운 것을 좋아하고 오래된 것을 싫어하잖아!"

Step 2 지저분한 학생

어느 날 오후, 한 초등학교에서 선생님이 우연히 한 학생을 만났다.

선생님이 "너, 너무 지저분하구나! 입과 얼굴을 보니, 네가 점심에 뭘 먹었는지 알겠다. 너 오늘 점심에 참깨소스 국수 먹었지, 그렇지?"라고 했다. 그러자, 학생이 "선생님, 틀리셨어요. 저는 어제 참깨소스 국수 먹었어요."라고 대답했다.

Step 3 천리향

최근 동네에 훈툰 가게 하나가 개업을 했다. 가게 앞에 플래카드를 걸어 놓았는데, 그 위에 '천리

향 훈툰왕'이라고 쓰여 있었다. 그저께 정오에 부씨 할머니가 초등학교에 다니는 손자를 데리고, 그 훈툰집에 가서 훈툰 두 그릇을 시켰다. 할머니가 한참 맛있게 먹고 있는데, 종업원 아가씨가 와서 탁자 위의 그릇들을 거둬 가는 것을 보고 손자가 "아줌마, 왜 이 천리향 훈툰에서 고소한 냄새를 맡을 수가 없는 거죠?"라고 물었다. 종업원 아가씨는 아이에게 질문을 받고 잠시 어리둥절해 하더니, 잠시 후, 미소를 지으며 아이에게 "어, 꼬마야, 천리향이란 천리 밖에서야 고소한 향을 맡을 수 있다는 뜻이란다. 넌 이렇게 가까이에 있으니까, 당연히 고소한 향을 맡을 수가 없는 거야!"라고 말했다.

아이는 이 말을 듣고 어리둥절해 했다. 이때, 옆 테이블에 있던 몇몇 손님들이 종업원의 고견을 듣고 "훌륭해! 훌륭해!"를 연발하면서, '하하하' 하고 크게 웃었다.

제5과

Step 1 선생

"아빠, 지구상에 여자가 먼저 있었어요. 남자가 먼저 있었어요?"

"당연히 남자가 먼저 있었지."

"아빠가 어떻게 아세요?"

"남자를 선생이라고 부르는 게 바로 그 증거야. 선생, 선생이 바로 남자가 여자보다 먼저 생겼다는 뜻이란다."

Step 2 엄마 찾기

한 아이의 엄마가 학교에서 일하는데, 어느 날 그 아이가 엄마를 찾으러 학교에 왔다.

아이는 "죄송합니다만, 엄마를 찾으려고 하는데요."라며 공손하게 말했다.

"너희 엄마 성이 뭐니?"

"장씨입니다."

"이름은?"

"저는 '엄마'라고 불러요."

"그럼, 집에 또 누가 있니?"

"아빠하고 외할머니요."

"외할머니는 뭐라고 부르시니?"

"'딸'이라고 불러요."

"아빠는 뭐라고 부르니?"

"'애 엄마'라고 불러요."

Step 3 쌀벌레에 영양가가 있다니?!

며칠 전, 친구와 함께 한 음식점에 가서 식사를 했는데, 친구가 식사 도중에 연달아 쌀벌레 두 마리를 발견해서 주인을 찾아가서 따졌다.

남자 주인은 이를 보고, 허허 웃으면서 아무렇지도 않다는 듯이 "쌀벌레 몇 마리 먹은 게 뭐 그렇게 큰일이라고 이러십니까. 쌀벌레에 영양가가 있다는 걸 모르시나 보죠? 쌀벌레는 쌀을 먹고 자란 것이기 때문에, 동충하초와 같은 거랍니다. 잘 드시면 몸보신하는 거예요!"라고 하는 것이었다.

남자 주인의 이런 괴변을 듣고 나서, 나는 "그렇게 영양가가 많은 것이라면, 당신이나 드세요!"라고 했다. 그러자, 그는 "아닙니다. 아니에요. 그래도 좋은 것은 남겨두었다가 손님이 드시게 해야지요."라고 하는 것이었다. 세상에 정말로 이렇게 몰염치한 사람은 지금까지 본 적이 없다.

제6과

Step 1 웃음소리를 내지 않는 것

小明: "엄마, 우스갯소리와 유머의 차이점이 뭐예요?"

엄마: "이야기를 했을 때, 사람들이 웃음소리를 내면 우스갯소리이고, 속으로만 좋아하고 웃음소리는 내지 않으면 유머란다."

小明: "그럼 제가 엄마한테 유머 하나 이야기 해드릴게요. 오늘 오전에 할머니께서 시골 고향집으로 내려가셨어요."

Step 2 이혼

한 여인이 법원에 가서, 그녀가 이혼을 하려고 한다고 했다. 재판장이 그녀에게 왜 이혼하려고 하는지 묻자, 그녀는 "결혼할 때, 제 남편이 저한테 오직 저 한사람만 사랑하겠다고 했는데, 제가 이제야 그가 다른 사람도 사랑한다는 것을 알게 되었어요."라고 했다.

재판장이 "또 누구를 사랑하죠?"라고 묻자, "그는 그의 아버지와 어머니도 사랑해요."라고 했다.

Step 3 다이어트

이씨 아주머니는 3층에 사는데, 최근 4층에 사는 사람이 계속해서 '쿵쿵쿵', '삭삭삭' 등 각종 소리를 내는 바람에 하루 종일 머리가 띵할 지경이었다.

그날 저녁, 이씨 아주머니는 도저히 참을 수가 없어서, 위층으로 가서 그의 집 문을 두드렸더니, 방 한쪽 구석에는 러닝머신이 놓여 있고, 방바닥에는 훌라후프가 널려 있었으며, 방 중앙에는 댄스용 양탄자가 있었는데……. 알고 보니, 그 소리들은 모두 이 집 주인 여자가 다이어트를 할 때 내는 소리였던 것이었다.

이씨 아주머니는 조심스럽게 일깨워주기 위해, "살을 빼는 운동을 할 때는 조심하셔야지요! 조심하셔야지……"라고 말했다.

그러나, 말이 채 끝나기도 전에 그 젊은 여자는 "아휴, 다이어트는 정말 힘들어요. 저는 매일 뛰고, 돌리고, 춤추고 하는데도, 체중이 줄지를 않아요. 보아하니, 아무래도 오늘부터 운동량을 더 늘려야 될 것 같아요."라고 했다.

이씨 아주머니는 그녀가 자신의 뜻을 잘못 알아들은 것 같아서 얼른 보충 설명을 했다. "당신이 위에서 운동할 때 내는 큰 소리 때문에, 아래층은 참을 수가 없어요. 그렇지 않아도 요즘 내가 현저하게 수척해졌다고요."

젊은 여자는 이 말을 듣고 웃으면서 "저는 힘들게 한나절씩 운동을 해도 살이 얼마 빠지지 않는데, 아주머니는 오히려 쉽게 다이어트에 성공하셨네요. 나이 들어서 살을 빼는 건 천금을 주고도 사기가 어려운데. 보아하니, 아주머니가 저한테 고마워해야 될 것 같네요"라고 하였다.

제7과

Step 1 대비 조치

신문에 어떤 남자가 부인이 늘 그의 주머니를 뒤지자 화가 나서 이혼을 했다는 기사가 났다. 장씨는 기사를 보고 나서, 즉시 그 기사를 오려두었다. 부인이 이를 보고, "그건 오려서 뭐 하려고요?"라고 물었다.

그러자 장씨가 "주머니 속에 넣어뒀다가, 수시로 당신을 일깨워 주려고."라고 답했다.

Step 2 쓰지 말라고 부탁하다

다른 사람에게 글씨를 써주는 것을 좋아하는 한 사람이 있었는데, 그는 글씨를 아주 못 썼다.

어느 날, 그의 집에 손님이 한 명 왔는데, 손에 하얀 종이 부채를 들고 있었다. 그는 이것을 보고, 부채 위에 기념으로 글씨를 쓰려고 했다. 그러자, 그 손님이 벌떡 일어나더니 그에게 인사를 했다.

"당신에게 그저 몇 자 적어주려는 겁니다. 그다지 번거로운 것도 아니고, 또 많은 시간을 필요로 하는 것도 아닌데, 왜 이리도 예의를 차리십니까?"라고 그가 말했다. 그러자, 손님이 "저는 당신한테 글씨를 써달라고 부탁하는 것이 아니라, 글씨를 쓰지 말아달라고 부탁하는 겁니다!"라고 했다.

Step 3 경쟁

우리 시 서쪽에 작은 음식점이 두 집 있는데, 서로 거리가 멀지 않았다. 점심 때 테이크아웃 도시락이 가격도 저렴하고 맛도 좋아서, 늘 손님이 가득했고, 주변에 있는 회사 직원들도 이 두 음식점의 단골이 되었다. 그런데 요즘 이 두 음식점 주인이 손님을 끌기 위해서, '가격 전쟁'을 시작한 것이 '설전'으로까지 번졌다.

한 집 주인이 손님에게 "옆집 저 음식점에서 고용한 시골에서 온 애는 위생합격증도 없고, 채소는 한 번도 깨끗이 씻은 적이 없어……"라고 했다.

그러자 또 다른 집 주인이 끊임없이 손님에게 "옆집 음식점 도시락은 보기에는 저렴한 것 같지만, 사실은 항상 전날 팔고 남은 음식을 한데 섞어……"라고 했다.

이처럼, 이 두 음식점 주인이 서로 흠을 잡는 것을 보고, 진상을 알지 못 하는 고객들은 반신반의했고, 적지 않은 고객들이 자신의 건강을 위해서 다른 곳을 택할 수밖에 없었다.

이 두 음식점이 번창할 때부터 쇠퇴할 때까지를 쭉 지켜본 어떤 한 손님은 감탄을 금치 못하며, "이와 같은 '경쟁'은 그야말로 자기가 자기 스스로 밥그릇을 깨버리는 것이다."라고 하였다.

제8과

Step 1 출석 부르기

새 학기에 새로운 선생님으로 바뀌고, 첫날 출석을 부를 때, 이름에 잘 안 쓰는 글자가 있는 한 학생이 옆 친구에게 말했다. "먼저 그의 실력이 어떤지 시험해볼까? 내 이름을 읽을 수 있는지 볼까?"

그런데 끝까지 출석을 다 불렀는데도 여전히 자신이 호명되지 않았다.

선생님은 출석부를 거두면서, "이름 안 부른 사람 있나? ……어? 네 이름이 뭐지?"

Step 2 수영을 할 줄 아는 것이 제일 중요하다

어떤 의사가 환자를 치료하다가 죽게 만들자, 죽은 사람의 집 식구들이 그를 잡아서 관아로 보냈다.

밤이 되어, 다른 사람들이 주의를 기울이지 않을 때, 의사가 담을 넘어 도망갔다. 그 관아의 담 밖은 강이었다. 얼마 안 되어, 죽은 사람의 집 식구들이 이를 알고, 곧 그를 쫓아왔다. 다행히도 그는 수영을 할 줄 알아서, 강을 헤엄쳐 건너서 달아났다.

그는 집에 돌아와서 아들이 열심히 의학서적을 공부하고 있는 것을 보고, 아들에게 다음과 같이 말했다. "얘야, 공부하지 마라. 수영을 할 줄 아는 것이 가장 중요해!"

Step 3 강아지와 함께 자다

圓圓은 교외에 있는 某전기공장의 창고 관리원으로, 이미 서른이 넘었는데도 결혼을 하지 않고 있었다. 여러 명의 남자친구를 사귄 적이 있으나, 결국에 가서는 틀어지곤 해서, 그녀의 어머니가 이 일 때문에 늘 걱정을 하고 있었다. 평소 그녀는 기르고 있는 발바리 '旺旺'이랑 짝이 되어, 아침에 일어나면 '旺旺'이에게 치장을 해주고, 또 '旺旺'이를 데리고 함께 출, 퇴근을 하고, 저녁에는 강아지와 함께 잠을 잤다.

얼마 전, 그녀 어머니 직장의 퇴직한 동료가 그녀에게 남자 친구를 소개시켜줘서, 두 사람이 몇 차례 만났는데, 결혼 이야기가 나왔을 때, 圓圓은 "결혼하려면 첫 번째 조건으로 나의 이 사랑스러운 '旺旺'이를 받아들여야 해요"라고 제의를 했다.

그러자 남자 쪽에서 "강아지를 기르는 것은 반대하지 않아요. 게다가 당신이 그렇게 '旺旺'이를 좋아하니, 반드시 당신의 취미를 존중해드릴게요."라고 했다.

"좋아요. 그리고 결혼 후에도 계속해서 저녁에 '旺旺'이가 우리와 함께 잘 수 있도록 해줘야 해요."

"그건……아무래도 좀 곤란합니다!"라고 남자 쪽이 자신의 견해를 말하자, 圓圓은 서둘러 일어나면서 "제가 여러 남자들과 사귀었지만, 성공하지 못한 까닭이 바로 이 이유 때문이에요. 하지만, 이 문제에 있어서는 절대로 양보할 수 없어요!"라고 하면서, 말을 마치고는 고개도 안 돌리고 가버렸다.

남자 쪽이 圓圓과 성공하지 못한 과정을 소개해준 사람에게 이야기 해주자, 소개해준 사람이 놀라면서, "세상에 '강아지와 함께 자는 것'을 배우자 선택의 조건으로 삼는 사람도 있군. 보아하니,

그 아가씨는 그냥 강아지와 서로 의지하고 짝을 하면서 함께 평생을 보내는 수밖에 없겠네요!"라고
하였다.

제9과

Step 1 원래 모습을 찾아 볼 수 없게 되다

"여보", 부인이 관심을 가지며 남편에게 물었다. "당신 왜 하루 종일 근심 어린 얼굴을 하고 있어
요?"

그러자 "솔직히 다 말할게."라며, 남편이 길게 한숨을 쉬며 말했다. "내가 친구에게 성형수술 하
라고 2만 위안을 빌려줬거든. 그런데, 문제는 이제 그 친구의 모습이 완전히 변해서, 그를 알아볼 수
없게 되었다는 거야!"

Step 2 신발 사기

老李는 성격이 느긋한 사람이다. 어느 날, 그가 신발 한 켤레를 샀는데, 성격이 급한 老王이 그에
게 "이 신발 얼마입니까?"라고 묻자, 老李가 한쪽 발을 내밀면서 "2.4위안입니다."라고 했다.

老王은 이 말을 듣고, 아들을 때리면서 "네가 나한테 사다준 신발은 어째서 4.8위안이나 준거냐?"
라고 했다.

그러자, 老李가 "서두르지 말고, 할 이야기가 있으면 차근차근 하세요."라고 하며, 다시 한쪽 발을
내밀면서 "이쪽도 2.4위안입니다."라고 했다.

Step 3 노동 저축

서씨 할아버지가 더위를 먹어서, 이웃 사람들이 병원으로 후송을 했다. 후송될 때도, 그는 여름방
학을 맞은 손자 '龙龙'이도 그와 함께 병원에 가야한다는 것을 빠뜨리지 않았다. 이웃들은 "과로로
병이 났으니, '龙龙'이는 애 아빠, 엄마더러 데리고 가라고 하면 안 되나요?"라고 하였다. 그러자 서
씨 할아버지는 연신 손을 휘저으며, 얼굴에 억지웃음을 지으면서, "아니에요! 아니에요! '龙龙'이는
반드시 내가 데리고 있어야 해요."라고 했다.

이웃들이 서씨 할아버지의 아들과 며느리에게 할아버지가 병이 나서 병원에 입원했다고 알려주
었다. 그러나, 두 내외는 한나절이 넘어서야 마작 하는 곳에서 돌아왔다. 병원에 도착하자마자, 며느
리는 시아버지의 병이 어떤지는 묻지도 않고, 다짜고짜 "'龙龙'이는 데리고 오셨어요?"라고 물었다.

이웃들은 이런 말투가 거슬려서, "당신들은 어린 것한테만 관심을 가지고, 나이 드신 분에 대해서
는 묻지도 않을 수가 있는 거요? 당신 아버지의 병은 모두 과로해서 생긴 거예요."라고 했다.

그러자 아들은 별 상관없다는 표정으로 "아버지가 지금 우리 아들을 잘 데리고 계셔야, 우리가
앞으로 아버지를 잘 보살펴 드릴 수 있는 겁니다. 지금 아버지가 하고 계시는 모든 것은, 훗날 우리
가 아버지에게 보답할 일종의 '노동 저축'이라고 할 수 있지요."라고 하는 것이었다.

이 지경에 이르러서야, 이웃들은 서씨 할아버지가 어째서 자신이 병이 나서 입원을 하면서까지
손자를 데리고 가려고 했는지를 알게 되었다.

제10과

Step 1 축구와 연애

젊은 축구광이 축구광 왕씨에게 연애 경험을 가르쳐 달라고 하였다. 왕씨는 "연애는 축구시합과 비교할만하지!", "여자 친구는 골키퍼, 그녀의 어머니는 경기장 밖에 있는 코치, 그녀의 아버지는 주심과 같다고 할 수 있어."라며 흥미진진하게 말했다.

그러자 "여자 친구의 자매들은요?"라며 젊은 축구광이 눈이 빠지게 기다리며 물었다.

"그녀의 자매들이라?" 왕씨는 머리를 긁적이며 웃으면서 "아마 후보 선수쯤 되겠지."라고 했다.

Step 2 화가

어느 날, 화가가 그의 친구 집에서 식사를 했다. 친구가 그에게 그림 한 장을 그려 달라고 부탁을 했고, 화가는 승낙을 했다. 그런데 집에 돌아와서 그는 걱정이 되기 시작했다. —— 무슨 그림을 그리지?

한 달이 지나, 그의 친구가 왔다.

화가가 "내가 자네를 위해서 큰 그림 한 장을 그렸네. 자, 안으로 가서 보게나."라고 말했다.

그의 친구는 화실에 들어가서, 벽 위에 커다란 하얀 종이만 한 장 있는 것을 보고 "자네가 그린 것이 뭔가?"라고 물었다.

그러자 화가가 "내가 그린 것은 소가 풀을 뜯는 거라네."라고 대답했다.

"풀은 어디 있지?"라고 그의 친구가 물었다.

"풀은 이미 소가 다 먹어버렸지."

"그렇다면 소는?"

"풀이 이미 없어졌는데, 소가 아직도 거기에 있을 리가 있겠나?"

Step 3 각자 알아서

어느 날, 출근길에 한 여자 청소부가 다리를 청소하고 있는 것을 보았다. 그녀는 손에 대나무로 만든 긴 막대 빗자루를 쥐고 계속해서 다리 중앙에서부터 양쪽 가장자리로 쓸고 가서, 쓰레기를 다리 난간에 있는 구멍을 통해 다리 아래로 쓸어버리고 있었다. 쓰레기는 이리저리 나부끼며 강으로 떨어졌고, 원래 깨끗했던 강 표면은 순식간에 쓰레기로 꽉 차버렸다.

나는 보고만 있을 수 없어서, 그 여자에게 "저기요! 어째서 자기 일을 덜자고, 쓰레기를 강에 쓸어버리는 겁니까?"라고 지적하였다. 그러자, 뜻밖에도 그 여자는 고개를 쳐들더니 눈을 사납게 부릅뜨면서 "무슨 상관이에요. 쓰레기가 강으로 떨어지면 수상 청소부들이 건져 올릴 테니, 당신이 걱정할 필요 없어요. 우리 다리 청소하는 사람은 다리만, 길 청소하는 사람은 길만, 다들 각자 일은 각자가 맡아서 해요. 게다가, 수면 위에 쓰레기가 없어지면, 수상 청소부들이 할 일이 없어져서 실직하게 되지 않겠어요?"라고 했다.

그 여자의 이런 괴변이 오히려 내 시야를 넓혀 주었다. 보아하니, 수상 청소부들도 그 여자에게 '감사'해야 할 것 같다. 그들이 밥 먹고 살 수 있게 해주었으니……

제11과

Step 1 누구 책임일까?

할머니가 손자에게 "이 창문 유리 누가 깼니?"라고 물었다. 그러자, 손자가 "엄마가 깼어요. 하지만, 아빠한테도 책임이 있어요. 엄마가 아빠 머리를 향해서 쟁반을 던졌을 때, 아빠가 꿇어앉아 버리셨거든요."라고 대답했다.

Step 2 교만한 사람

어떤 사람이 아주 교만해서, 자신이 가장 똑똑하고 아는 것도 가장 많다고 생각했다.

어느 날, 한 노인이 와서 그에게 "선생, 나는 많은 똑똑한 사람들을 봐왔습니다. 그들은 아는 것이 정말 많았지만, 어느 한 사람도 내 질문에는 대답을 하지 못했답니다. 당신이 대답해 볼 수 있겠습니까?"라고 했다.

그 사람은 듣고 나서 웃으면서, "내가 대답 못 할 문제는 없습니다. 물어보십시오."라고 했다.

노인이 "당신이 알고 있는 것이 얼마나 됩니까?"라고 묻자, 그 사람은 생각을 해보더니, "내가 아는 것은 당신의 머리카락만큼 많습니다."라고 했다.

그러자 노인이 웃으면서, "그렇다면, 당신은 아는 것이 하나도 없군요."라며 모자를 벗었다. 알고 보니, 그는 머리카락이 한 가닥도 없었다.

Step 3 할멈이라니!

일전에, 우리 집사람이 某슈퍼에 물건을 사러갔다. 한 반찬가게 앞에서 '红烧猪手'를 사려고 했으나, 그 맛을 알 수 없어서, 판매원에게 맛을 좀 볼 수 있냐고 물어보았다.

그런데 그 판매원이 "이 '할멈'이 왜 이렇게 사람을 귀찮게 하시나. 너도 나도 다 맛을 보면, 어떻게 장사를 할 수 있단 말이에요?"라고 말할 줄을 누가 알았겠는가?

우리 집사람은 불만을 표시하면서 "말씀 좀 교양 있게 하세요. 내 나이 60도 안됐는데 '할멈'이라고 부르는 건 예의가 없는 겁니다."라고 하였다.

그런데 뜻밖에도 말이 떨어지자마자, 판매원이 "'老太婆'의 앞 두 글자 '老太', 이 얼마나 정중합니까, 그리고 뒤에 '婆'자를 덧붙인 것도 대선배를 일컫는 것이니, '老太婆' 세 글자가 '존칭'인데, 뭘 그렇게 일일이 따지고 그러세요."라고 하는 것이었다.

그 판매원이 마구 생트집을 잡으며 궤변을 늘어놓자, 우리 집사람은 하는 수 없이 그 '할멈'이라는 '존칭'을 뒤로 한 채, 화가 나서 그 반찬 진열대를 떠나왔다.

제12과

Step 1 손가락을 쓰는 것과 머리를 쓰는 것

묘묘는 언제나 손가락을 꼽아가며 산수 문제를 푸는데, 손가락으로 부족하면 발가락까지 사용하곤 했다. 그런데 발가락까지 썼는데도 부족하자, "손가락과 발가락을 다 썼는데도 부족하니 어떻게 하면 좋지?"라고 걱정을 하며 말했다.

그러자 누나가 옆에서 "손가락과 발가락으로 부족하면 머리를 쓰면 되잖아?"라고 하자, 뵤뵤는 "손가락과 발가락이 그렇게 많은데도 여전히 부족한데, 머리는 한 개 뿐이니까 더더욱 부족하지 않겠어?"라고 했다.

Step 2 그녀는 내 딸일세!

기차가 곧 출발하려고 하자, 객실 좌석이 꽉 찼다. 한 젊은이가 두 사람 좌석을 차지하고 있어서, 할아버지 한 분이 다가와서 조용히 그에게 말했다.

"젊은이, 안으로 좀 들어가 주겠나. 나도 좀 앉게." 그러자, 젊은이가 큰소리로 "여기 자리 있는데요!"라고 했다. 할아버지는 하는 수 없이 그의 뒤에 서 있을 수밖에 없었다. 잠시 후, 젊고 예쁜 아가씨 한 명이 이쪽을 향해서 걸어왔다.

젊은이가 이를 보고 웃으면서 일어나며, "앉으세요. 이 좌석은 사람이 없습니다."라고 했다.

노인이 화를 내며, "방금 여기 자리 있다고 하지 않았소?"라고 물었다. 그러자, 젊은이가 "제 여동생인데요."라고 대답했다.

할아버지는 더 화가 나서 말했다. "헛소리를 하는군! 그녀는 내 딸일세. 내가 언제 댁 같은 아들을 뒀나?"

Step 3 술수

일전에 평형관로에 갔다가, 개인이 경영하는 발 마사지 가게를 하나 봤는데, 무좀이나 발 가려움증이 있는 사람이 가게에 들어와서 한번만 씻으면 무좀을 포함한 각기병이 즉시 없어지고, 게다가 정찰제라 한 번 씻는데 10위안만 내면 된다고 했다. 내가 방에 들어가 앉자, 주인이 뜨거운 물 한 대야를 가지고 와서, 내 발바닥과 발등을 몇 번 어루만지더니, 나더러 발을 물에 담그라고 하고 조그만 병을 꺼내서 뭔가를 대야에 떨어뜨리고서는, 이건 물약인데, 가격이 아주 비싸고, 가려움증 제거에 효과가 탁월하다고 했다. 발을 다 씻고 나서, 나는 10위안을 지불하고 나갈 준비를 했다. 그런데, 주인이 "선생님, 발 한쪽 씻는데 10위안입니다. 두 쪽이니까 20위안에, 물약은 그냥 5위안 받는 걸로 해서, 모두 25위안입니다."라고 하는 것이었다. 그때서야 나는 내가 속았다는 것을 깨달았다.

연습 문제 답안

1. 1) 爸爸，你(只)有30多岁，怎么有些白头发了?

   2) 都是(给)你气出来的么。

   3) 噢? 爷爷的头发(全)白的原因，我本来不知道，现在我(全)明白了。

   4) (在)一个小学校里，老师问学生："怎么能知道一(只)鸡老不老呢?"

   5) "根(据)牙来判断。" 一个学生回(答)。

   6) 老师说："(可)是鸡没有牙呀!"

   7) 那个学生(又)说："鸡(虽)然没有牙，但是我有牙。(用)牙一咬，肉嫩的鸡小，肉不嫩的鸡老。"

   8) 星期天晚上，沈先生(携)家人来到四川路一(家)酒楼用餐。

   9) 酒(足)饭(饱)后沈提出结帐，服务员忙递上帐单(让)他过目。

   10) (经)仔细核对后，认定了144元的帐目，沈当场(拿)出150元钱，并要求开一(张)发票。

   11) 不多时，服务员拿着发票和找下的5元(零)钱，来到沈先生面前。

   12) 沈(接)过发票和找下的零钱一看，忙问："帐单上不是144元，怎么(收)了145元? "

   13) 服务员小姐听后忙解(释)："144块不好听，所以就多收了你一块钱，这(叫)好听费。"

   14) 沈先生一家人听到如(此)解释，真是哭笑不(得)。

2. 1) 爸爸，你只有30多岁，怎么有些白头发了?

   2) 爷爷的头发全白的原因，我本来不知道，现在我全明白了。

   3) 怎么能知道一只鸡老不老呢?

   4) "根据牙来判断。" 一个学生回答。

   5) 老师说："可是鸡没有牙呀!"

   6) 星期天晚上，沈先生携家人来到四川路一家酒楼用餐。

   7) 酒足饭饱后沈提出结帐，服务员忙递上帐单让他过目。

   8) 不多时，服务员拿着发票和找下的5元零钱，来到沈先生面前。

   9) 帐单上不是144元，怎么收了145元?

   10) 144块不好听，所以就多收了你一块钱，这叫好听费。

제2과

1.
1) 要乔(迁)新居了，小王决心要处理(掉)一些旧物品，他(对)妻子说："凡是三年以上不动不用的东西统统扔(掉)!"
2) 他妻子急了："那咱们五年期的定期存(单)怎么办？"
3) 嗯……这个嘛，扔(到)抽屉里!
4) 河边上坐着三个青年，他们正在(聊)天儿。
5) 第一个说："我爷爷游泳游(得)真好，就在这个地方，我看见他(在)水下呆了三分钟。"
6) 第二个说："我爷爷游得(更)好，他在水下呆了三分三十(秒)。"
7) 第三个说："你们都别说了。我爷爷(才)游得好呢。
8) 他(从)这儿跳下去，已经四年了，到现在(还)没上来呢。
9) 年逾古(稀)的江老太到某证券公司准备申购当日发行的新股。
10) 见场内股民不多，就随(便)找了个位子坐了下来。
11) 不料没到三分钟，江老太惊(得)直跳起来，原来不知哪位(在)红褐色塑料靠背椅垫极深处，倒了半(杯)茶水。
12) 江老太的外裤，内衣裤都湿(透)了。
13) 当时，场内灯光微弱，根本看不(到)座位上的积水。
14) 原来是有些股民，为了抢个位子，经常在座位上放个瓶子，或者放些报纸绳子作(为)私人占用的凳子，个别人离开时还有意倒半瓶水，如(此)做法，实在(缺)德。

2.
1) 凡是三年以上不动不用的东西统统扔掉!
2) 那咱们五年期的定期存单怎么办?
3) 嗯……这个嘛，扔到抽屉里!
4) 河边上坐着三个青年，他们正在聊天儿。
5) 我爷爷游泳游得真好，就在这个地方，我看见他在水下呆了三分钟。
6) 年逾古稀的江老太到某证券公司准备申购当日发行的新股。
7) 见场内股民不多，就随便找了个位子坐了下来。
8) 江老太的外裤，内衣裤都湿透了。
9) 当时，场内灯光微弱，根本看不到座位上的积水。
10) 如此做法，实在缺德。

제3과

1.
1) 妻子(发)脾气了，她(对)丈夫生气地说："当初我是瞎了眼睛嫁(给)你……"
2) 儿子(在)一旁，望了望妈妈的眼睛。
3) 儿子说："妈，原来你以前是(盲)人，现在好了，嫁给爸爸以后，眼睛好了，亮了……"
4) 两个不认识的男人在一(块)儿聊天儿。一个问："你家(有)什么人?"

5) 那个人笑了，说："当然是女的，难(道)能是男的吗?"

6) 日前，邻(居)陈阿姨在安化路一煎饼摊买鸡蛋油条煎饼。

7) 女摊主摊好面饼，顺手鸡蛋箱里拿出一(只)鸡蛋，然后(往)煎饼的平面铁板一敲，剥壳将鸡蛋流(在)面饼上。

8) 不料，此时鸡蛋壳上的一小(块)鸡屎跌落在面饼上，实在(令)人作呕。

9) 这时，陈阿姨(对)女摊主讲："鸡屎跌落在煎饼上，叫人怎么吃!"

10) 谁知，女摊主回答道："鸡蛋(从)鸡屁股里生出来的，有一眼眼鸡屎，何必大(惊)小怪。"

11) 随即把这只煎好的蛋饼递(给)陈阿姨。

12) 陈阿姨看着这只"鸡屎煎饼"，不知道怎么办(才)好。

2. 1) 妻子发脾气了，她对丈夫生气地说："当初我是瞎了眼睛嫁给你……"

2) "妈，原来你以前是盲人，现在好了，嫁给爸爸以后，眼睛好了，亮了……"

3) 两个不认识的男人在一块儿聊天儿。

4) 一个问："你家有什么人?"

5) 当然是女的，难道能是男的吗?

6) 日前，邻居陈阿姨在安化路一煎饼摊买鸡蛋油条煎饼。

7) 不料，此时鸡蛋壳上的一小块鸡屎跌落在面饼上，实在令人作呕。

8) 鸡屎跌落在煎饼上，叫人怎么吃!

9) 鸡蛋从鸡屁股里生出来的，有一眼眼鸡屎，何必大惊小怪。

10) 随即把这只煎好的蛋饼递给陈阿姨。

제4과

1. 1) 婷婷有两个男朋友，一个是古董商，一个是新(闻)记者。

2) 婷婷拿不定主(意)选哪一个作丈夫，于是去问她的母亲。

3) 婷婷："妈，两个(中)我该选哪一个好呢?"

4) 母亲："傻丫头，你不知道，古董商是喜(旧)厌(新)，而新闻记者是喜(新)厌(旧)……"

5) 一天下午，(在)小学校里，老师遇(到)一个学生。

6) 老师说你太脏(了)! 看见你的嘴(和)脸，就知道你中午吃了什么……今天午饭，你吃的是麻酱面，对(吧)?

7) 学生回答说："老师，您错了，我是昨天吃(的)麻酱面。"

8) 前天中午，付老太带着(读)小学的小孙子，一起来到这(家)馄饨店，要了两(碗)馄饨。

9) 老太正吃得有(滋)有(味)时，小孙子看到一位服务小姐过来在桌上(收)碗筷。

10) 便问："阿姨，这千里香馄饨，我怎么一点(都)闻不到香味?"

11) 服务小姐(被)孩子一问，呆了一下。然后笑眯眯地(对)孩子说："喔唷，小朋友，千里香的意思，是在千里之外，(才)能闻到香味，你离得这么近，当然闻不到香味!"

12) 孩子一听如坠云雾。一旁桌上几位食客，听了这位服务员的高论，连呼"高! 高! 并报以一

(阵)哈哈大笑。

2. 1) 一个是古董商，一个是新闻记者。

2) 妈，两个中我该选哪一个好呢?

3) "傻丫头，你不知道，古董商是喜旧厌新，而新闻记者是喜新厌旧……"

4) 一天下午，在小学校里，老师遇到一个学生。

5) 老师说："你太脏了!"

6) 老师，您错了，我是昨天吃的麻酱面。

7) 最近，小区新开了家馄饨店。

8) 老太正吃得有滋有味时，小孙子看到一位服务小姐过来在桌上收碗筷。

9) 服务小姐被孩子一问，呆了一下。

10) 孩子一听如坠云雾。

11) 并报以一阵哈哈大笑。

제5과

1. 1) 爸爸，地球上是先有女人(还)是先有男人?

2) 男人(被)人称呼(为)先生就是证明。

3) 先生先生，就是男人(比)女人先生出来么。

4) 一个孩子的妈妈(在)学校工作。

5) 他很客气(地)说："对不起，我找妈妈……"

6) 她(叫)什么名字?

7) 偕朋友一起到一(家)餐馆用餐。

8) 朋友在吃饭时一连发(现)了两(条)米虫，便去找店主交涉。

9) 男店主见了哈哈一(笑)，不以为然地说："吃到几条米虫有啥大(惊)小(怪)的，

10) 你知道不知道，米虫是有营(养)的，因为它是吃米长(大)的，就像冬(虫)夏(草)一样，吃了好(补)身体哩!

11) 听了男店主的这番(奇)谈(怪)论，我就说这么有营养的东西，你还是自己吃吧。

12) 他听了这(番)话，竟(然)说："不不，好东西还是留(给)客人吃。"

13) 真没有见识过世界上还有这么厚颜无(耻)的人。

2. 1) 爸爸，地球上是先有女人还是先有男人?

2) 男人被人称呼为先生就是证明。

3) 一个孩子的妈妈在学校工作。

4) 他很客气地说："对不起，我找妈妈……"

5) 她叫什么名字?

6) 朋友在吃饭时一连发现了两条米虫，便去找店主交涉。

7) 米虫是有营养的，因为它是吃米长大的，就像冬虫夏草一样，吃了好补身体哩!

8) 听了男店主的这番奇谈怪论，我就说这么有营养的东西，你还是自己吃吧。

9) 不不，好东西还是留给客人吃。

10) 真没有见识过世界上还有这么厚颜无耻的人。

제6과

1.
1) 妈妈，笑话(与)幽默有什么不(同)?

2) 小明："那我(跟)你讲个幽默，今天上午奶奶回乡下老家去了。"

3) 一个女人(到)法院去，她说要(跟)爱人离婚。

4) 我爱人(在)结婚的时候告(诉)我，只爱我一个人。现在我才知道，他(还)爱别人。

5) 最近，四楼那户人家总会发出各(种)各(样)的响声，"嗵嗵嗵"，"嚓嚓嚓"，弄得李大妈脑(袋)整天昏昏沉沉。

6) 李大妈忍不(住)上楼敲开了他家的门，只见屋角摆了跑步器，地上躺着呼啦圈，屋子中央是(块)跳舞毯…原来那些声音都是女主人减肥发出的。

7) 李大妈小心地提(醒)道："你做减肥运动可要当心啊! 要注(意)……"

8) 可话还没讲完，少妇就搭上了(腔)："喔哟，减肥真是苦，我每天又是跑、又是转再(加)跳，可体重就是减不下来，看来今后还得加(大)运动量。"

9) 李大妈一听她误(解)了自己的意思，赶忙补充说："你在上面练，弄出很大声响，我在楼下就难(受)了。

10) 我苦练半天没减多少肉，你(倒)轻易减肥成(功)了。

11) 千金难买老来瘦，看来你还得感(谢)我呢!

2.
1) 妈妈，笑话与幽默有什么不同?

2) 那我跟你讲个幽默，今天上午奶奶回乡下老家去了。

3) 一个女人到法院去，她说要跟爱人离婚。

4) 我爱人在结婚的时候告诉我，只爱我一个人。

5) 现在我才知道，他还爱别人。

6) 李大妈家住三楼。

7) 李大妈忍不住上楼敲开了他家的门，只见屋角摆了跑步器，地上躺着呼啦圈，屋子中央是块跳舞毯……。

8) 你做减肥运动可要当心啊! 要注意……。

9) 你在上面练，弄出很大声响，我在楼下就难受了。这不，最近我明显消瘦了。

10) 我苦练半天没减多少肉，你倒轻易减肥成功了。

11) 千金难买老来瘦，看来你还得感谢我呢!

1.
1) 报纸上(登)出一(则)新闻，某男士因妻子经常搜(查)他的口袋而愤然离婚。
2) 小张看完后，立(刻)把这则新闻剪了下来，妻子见了忙问："你剪这个(干)什么?"
3) "我要把它(放)在口袋里"，小张说，"随时提(醒)你。"
4) 有一个人，就爱(给)别人写字，但是他写得很不好。
5) 一天，他家里来了个客人，手里拿着一(把)白纸扇子。
6) 他看到了，就想(在)扇子上题字。
7) 本市西区有两家小饭店，相(隔)不远，中午外卖的盒饭(价)廉物美，因而时常顾(客)盈门，周围公司的一些员工也成了这两家饭店的常客。
8) 然而近来这两家店主为了争取客源，(由)"价格战"发展(为)"口水战"。
9) 一家店主(对)顾客说："隔壁那家饭店聘用的外来妹(连)健康合格证(也)没有，烧的菜从不洗干净……。"
10) 另一家店主则不断(向)顾客宣传："我们旁边的那家饭店，盒饭看似便宜，其实常把隔(夜)菜混入其中……。"
11) 面对这两位店主互(相)揭丑，不明真相的顾客总有点将信将(疑)，为了自身的健康，不少顾客只好另(择)别处。
12) 一位目(睹)这两家饭店(由)盛(变)衰的顾客，不禁感叹说："如此'竞争'，真是自己砸自己的饭碗。"

2.
1) 报纸上登出一则新闻，某男士因妻子经常搜查他的口袋而愤然离婚。
2) 你剪这个干什么?
3) 我要把它放在口袋里，小张说，"随时提醒你。"
4) 有一个人，就爱给别人写字，但是他写得很不好。
5) 一天，他家里来了个客人，手里拿着一把白纸扇子。
6) 他看到了，就想在扇子上题字。
7) 就给你写几个字，又不太费事，也不用很长时间，你为什么这样客气呢?
8) 客人说："我不是求您写，是求您别写!"
9) 本市西区有两家小饭店，相隔不远，中午外卖的盒饭价廉物美，因而时常顾客盈门，周围公司的一些员工也成了这两家饭店的常客。
10) 由"价格战"发展为"口水战"。
11) 一家店主对顾客说："隔壁那家饭店聘用的外来妹连健康合格证也没有，烧的菜从不洗干净……。"
12) "我们旁边的那家饭店，盒饭看似便宜，其实常把隔夜菜混入其中……。"
13) 如此'竞争'，真是自己砸自己的饭碗。

1.
1) 新学(期)换了个新老师，第一天点名时，一位名字里有生僻(字)的学生(对)邻座的同学说："先试试他学(问)如何？看他能不能(读)出我的名字？"

2) 可是点名点到最后还没有点(到)他，老师将点名(簿)一收："看看有没有没点到名的？……哦？你叫什么名字？"

3) 一个大夫(把)病人治(死)了。

4) 死者家里的人抓(住)他，要把他送(到)官府去。

5) 到了夜里，在别人不注(意)的时候，大夫跳墙跑了。

6) 这家的墙外面是一(条)河。

7) 幸好，他会游泳，就游过河跑(掉)了。

8) 他回到家里，看见儿子正在努(力)读医书，原来儿子也要(当)大夫。

9) 他就对儿子说："孩子，先别读书(了)，学会游泳最重要啊！"

10) 圆圆姑(娘)是市郊某电器厂的仓库保管员。

11) 尽(管)已年过三十，但至今(仍)未婚嫁。

12) 平时她与喂养的一(头)叭儿狗旺旺(为)伴，早上起来(为)它梳装打扮，并带着它一起上、下班，晚上还(与)狗共眠。

13) 不久前，她妈妈单位里的一位退休老姐妹(帮)她介绍了一位男朋友，两人见过几次(面)。

14) 但(当)谈婚论嫁时，圆圆提出："要结婚，首要一(条)得接纳我那心爱的旺旺。"

15) 男方回答说："养狗我不反对，更何(况)你如此喜欢旺旺，我一定尊(重)你的爱好。"

16) "那好。结婚后你得仍(然)让旺旺晚上与我们同睡(在)一起。"

17) "这……恐怕有点太强人(所)难了吧！"

18) 我(之)所以(谈)了几个对象都没成功，都因这个原因。

19) 但在这个问题上，我是(决)不会让步的！

20) 这位介绍人惊(讶)地说："世上竟有以'与狗共眠'作为择(偶)条件的。看来，这姑娘只能与小狗相(依)相(伴)，共(度)人生了！"

2.
1) 一位名字里有生僻字的学生对邻座的同学说："先试试他学问如何？"

2) 看他能不能读出我的名字？

3) 一个大夫把病人治死了。

4) 死者家里的人抓住他，要把他送到官府去。

5) 到了夜里，在别人不注意的时候，大夫跳墙跑了。

6) 这家的墙外面是一条河。

7) 不久，死者家里人知道了，就来追他。

8) 幸好，他会游泳，就游过河跑掉了。

9) 他回到家里，看见儿子正在努力读医书，原来儿子也要当大夫。

10) 他就对儿子说："孩子，先别读书了，学会游泳最重要啊！"

11) 尽管已年过三十，但至今仍未婚嫁。

12) 尽管也谈过好几个男朋友，但最终都告吹，她妈妈为此事常常犯愁。

13) 平时她与喂养的一头叭儿狗旺旺为伴，早上起来为它梳装打扮。

14) 不久前，她妈妈单位里的一位退休老姐妹帮她介绍了一位男朋友，两人见过几次面。

15) 要结婚，首要一条得接纳我那心爱的旺旺。

16) 养狗我不反对，更何况你如此喜欢旺旺，我一定尊重你的爱好。

17) 结婚后你得仍然让旺旺晚上与我们同睡在一起。

18) 这……恐怕有点太强人所难了吧!

19) 我之所以谈了几个对象都没成功，都因这个原因。但在这个问题上，我是决不会让步的!

20) 世上竟有以'与狗共眠'作为择偶条件的。看来，这姑娘只能与小狗相依相伴，共度人生了!

제9과

1. 1) "亲爱(的)"，妻子关心(地)问丈夫："你干吗整天愁(眉)苦(脸)?"

2) "实(话)实(说)了吧"，丈夫长叹了一(口)气，说："我借(给)一个朋友2万元做整(容)手术，问题是现在他已面目全(非)，我根本找不到他了!"

3) 老李是个慢性子的人，他买了一(双)鞋。

4) 老李伸(出)一(只)脚，说："两块四毛钱。"

5) 老王听了，就打他儿子,说："你给我买的鞋，怎么(花)四块八毛钱?"

6) 老李又说："别着(急)，有话慢慢儿说。"

7) 他伸出另一只脚，说："这(只)也是两块四。"

8) 徐老伯因(中)暑被邻居送去医院。

9) 临走时，他还不忘让(放)暑假的孙子龙龙也跟他一起去医院。

10) 邻居们说："你自己都累出了病，龙龙不会(让)他爸妈带吗?"

11) 徐老伯连连摇手，一(脸)苦笑地说："不! 不! 龙龙是必须(由)我领的。"

12) 一到医院，媳妇也不问公公病情如(何)，劈(头)就问："龙龙带来了吗?"

13) 邻居看不惯这(副)腔调，就说："你们难道只关心小的，就不问问老的?"

14) 他儿子一脸无所(谓)的样子说："他现在(带)好我的儿子，我们将来才会照顾他，现在他所做的一切，只是一种'劳务储(蓄)'，为的是将来我们对他的回(报)。"

15) 至此，邻居们终(于)明白徐老伯缘(何)自己生病进医院，还要带着孙子的原因了。

2. 1) "亲爱的"，妻子关心地问丈夫："你干吗整天愁眉苦脸?"

2) 我借给一个朋友2万元做整容手术，问题是现在他已面目全非，我根本找不到他了!

3) 老李是个慢性子的人，他买了一双鞋，急性子的老王问他："这双鞋多少钱?"

4) 老李伸出一只脚，说："两块四毛钱。"

5) 老李又说："别着急，有话慢慢儿说。"

6) 他伸出另一只脚，说："这只也是两块四。"

7) 徐老伯因中暑被邻居送去医院。

8) 临走时，他还不忘让放暑假的孙子龙龙也跟他一起去医院。

9) 邻居们说："你自己都累出了病，龙龙不会让他爸妈带吗？"

10) 徐老伯连连摇手，一脸苦笑地说："不! 不! 龙龙是必须由我领的。"

11) 邻居告诉徐老伯的儿子、媳妇，徐老伯生病进医院了，夫妻俩大半响才从麻将桌上下来。

12) 一到医院，媳妇也不问公公病情如何，劈头就问："龙龙带来了吗？"

13) 你们难道只关心小的，就不问问老的？你爸这病都是累出来的。

14) 他现在带好我的儿子，我们将来才会照顾他，现在他所做的一切，只是一种'劳务储蓄'，为的是将来我们对他的回报。

15) 至此，邻居们终于明白徐老伯缘何自己生病进医院，还要带着孙子的原因了。

제10과

1.　1) 小球迷(向)球迷老王讨教恋爱经验。"谈恋爱好比一(场)足球赛!"

　　2) "她的姐妹们？"老王挠挠头皮，笑道："有可能成(为)替补队员!"

　　3) 朋友请他画一(张)画儿，画家同意了。

　　4) 草都(让)牛吃了。

　　5) 草都没(了)，牛(还)能在这儿吗？

　　6) 一日，上班途中，见一女清洁工在打扫桥头，只见她手握长柄竹丝扫帚，不断地(从)桥中央(向)两旁扫去，然后将垃圾从桥栏杆的缝隙里，扫到桥下去。

　　7) 垃圾纷纷扬扬(向)河里落去，原来洁净的河面上，顿(时)漂满了垃圾。

　　8) 不想她抬(起)头(来)，狠狠瞪了我一眼，说："你管得(着)吗，垃圾落进河里，自会有水上清洁队打捞，不用你操心。"

　　9) 我们桥(归)桥，路(归)路，大家各(归)各；再说，水面上如果没有垃圾，他们水上清洁队没事做，不是要下(岗)失业吗？

　　10) 她的这(番)奇谈怪论，倒让我"大开眼(界)"，看来，水上清洁队人员真还得好好"感谢"她哩，能让他们有(口)饭吃。

2.　1) 小球迷向球迷老王讨教恋爱经验。

　　2) 谈恋爱好比一场足球赛!

　　3) 女朋友好比守门员，她母亲好比场外教练，她爹爹好比主裁判。

　　4) 老王挠挠头皮，笑道："有可能成为替补队员!"

　　5) 有一天，画家在他朋友家吃饭。

　　6) 朋友请他画一张画儿，画家同意了。

　　7) 但是回到家里，他着急起来 — 画什么呢？

　　8) 过了一个月，他朋友来了。

　　9) 画家说："我给你画了一张很大的画儿，来，请到里面看看吧。"

10) 他朋友走进画室一看，墙上只有一张很大的白纸，就问："你画的是什么啊?"

11) 画家回答："我画的是牛吃草。"

12) 草都没了，牛还能在这儿吗?

13) 垃圾纷纷扬扬向河里落去，原来洁净的河面上，顿时漂满了垃圾。

14) 我实在看不下去，就向她指出："你怎么能贪图自己省事，而把垃圾扫进河里?"

15) 你管得着吗，垃圾落进河里，自会有水上清洁队打捞，不用你操心。我们桥归桥，路归路，大家各归各。

16) 再说，水面上如果没有垃圾，他们水上清洁队没事做，不是要下岗失业吗?

17) 她的这番奇谈怪论，倒让我"大开眼界"。

18) 看来，水上清洁队人员真还得好好"感谢"她哩，能让他们有口饭吃。

제11과

1.
1) 奶奶问孙子："这个窗户上的玻璃是谁打(碎)的? "

2) "是妈妈，但是爸爸也有责任，妈妈(把)盘子(朝)他脑袋上扔的时候，爸爸蹲(下)了。"

3) 有一个人非常骄(傲)，觉得自己最聪明，知道的事情最多。

4) 一天，来了一个老人，跟他说："先生，我见过很多聪(明)人，他们知道的事情真多，但是还没有一个人能回答我的问(题)。

5) 那人听了，笑笑说："没有我不(能)回答的问题，你问吧。"

6) 那人想了想，说："我知道的事情(跟)你的头发一(样)多。"

7) 老人笑了，"那么，您知道的是零了。" 说着，他脱(下)帽子，原来他(连)一根头发(也)没有。

8) 日前，我爱人去某超市(购)物，在一熟食柜台前，想买点"红烧猪手"，但不知其味，询(问)营业员能否尝一点。

9) 谁知，这位营业(业)员说："你你这位'老太婆'怎么这么难弄，你尝他尝我生意还做不做?"

10) 我爱人提意见说："请说话文明点，我现在不到60，就叫'老太婆'不(礼)貌。"

11) 不料这话一说，这位营业员回答道：""'老太婆'前二个字是老太，多么敬(重)；后加上'婆'字，说明是老前(辈)，因此，'老太婆'三个字是'尊(称)'，你何必那么斤斤计(较)。"

12) 这位营业员胡(搅)蛮(缠)还歪理百出。我爱人只能背着这'老太婆'的雅(号)，悻悻地离开这熟食柜。

2.
1) 奶奶问孙子："这个窗户上的玻璃是谁打碎的?"

2) 有一个人非常骄傲，觉得自己最聪明，知道的事情最多。

3) 先生，我见过很多聪明人，他们知道的事情真多，但是还没有一个人能回答我的问题。

4) 那人听了，笑笑说："没有我不能回答的问题，你问吧。"

5) 老人问："您知道的事情有多少?"

6) 我知道的事情跟你的头发一样多。

7) 老人笑了，"那么，您知道的是零了。"

8) 说着，他脱下帽子，原来他连一根头发也没有。

9) 日前，我爱人去某超市购物，在一熟食柜台前，想买点"红烧猪手"，但不知其味，询问营业员能否尝一点。

10) 你这位'老太婆'怎么这么难弄，你尝他尝我生意还做不做？

11) 请说话文明点，我现在不到60，就叫'老太婆'不礼貌。

12) 这位营业员胡搅蛮缠还歪理百出。

13) 我爱人只能背着这'老太婆'的雅号，悻悻地离开这熟食柜。

第12과

1.
1) 豆豆老是扳着手指头(做)算术题，手指头不够用了，就加上脚趾头。

2) 姐姐在一旁说："指头不够用了，你不(会)用脑子吗？"

3) 豆豆说："手指头和脚趾头那么多，还不够用哩，脑子只有一个，不是(更)不够用了吗？"

4) 火车要开(了)，车厢里坐(满)了人。

5) 一位老大爷走过来,轻轻地对他说："小伙子，请你(往)里一点儿，(让)我也坐一坐。"

6) 小伙子大声地说："这儿有人坐!" 老大爷只(好)站在他身后。一会儿，一位年轻美丽的姑娘(朝)这里走来。

7) 小伙子立(刻)回答："我说的就是她,她是我妹妹。"

8) 日前，走到平型关路，看见一(家)个体洗足店，说足癣脚痒者只需进店洗一次，包括脚癣在内的脚气病立等可(除)，并明码标(价)，洗一次(付)10元钱。

9) 我入屋坐定，店主端来一(盆)热水，在我脚底脚背摸几下，此后让我脚浸(在)水中，拿出一只小瓶滴了些什么东西在盆里，说这是药水，价格昂贵，止痒效果好。

10) 店主却说："先生你洗一(只)脚是10元，一(双)脚就是20元，药水仅收5元钱，总共25元。" 我这才明白我上(当)了。

2.
1) 豆豆老是扳着手指头做算术题，手指头不够用了，就加上脚趾头。

2) 后来，加上脚趾头也不够用了，他发愁地说。

3) 手指头和脚趾头都用上了，还是不够使，这怎么办呢？

4) 指头不够用了，你不会用脑子吗？

5) 手指头和脚趾头那么多，还不够用哩，脑子只有一个，不是更不够用了吗？

6) 火车要开了，车厢里坐满了人。

7) 一个小伙子占了两个人的座位。

8) 一位老大爷走过来,轻轻地对他说。

9) 小伙子，请你往里一点儿，让我也坐一坐。

10) 一会儿，一位年轻美丽的姑娘朝这里走来。

11) 你胡说! 她是我女儿，我是什么时候有你这么个儿子的？

12) 日前，走到平型关路，看见一家个体洗足店，说足癣脚痒者只需进店洗一次，包括脚癣在内的脚气病立等可除，并明码标价，洗一次付10元钱。

13) 我入屋坐定，店主端来一盆热水，在我脚底脚背摸几下，此后让我脚浸在水中，拿出一只小瓶滴了些什么东西在盆里，说这是药水，价格昂贵，止痒效果好。

14) 洗足完成后，我掏10元钱准备离开。

15) 店主却说："先生你洗一只脚是10元，一双脚就是20元，药水仅收5元钱，总共25元。"

16) 我这才明白我上当了。

저 자 약 력

서 희 명

● 복단대학 문학박사
● 現, 한양여자대학교 통상중국어과 교수

STEP BY STEP 중국어 독해

초 판 인 쇄   2016년 12월 14일
초 판 발 행   2016년 12월 20일

저 　 자   서 희 명
발 행 인   윤 석 현
발 행 처   제이앤씨
책 임 편 집   최 인 노
등 록 번 호   제7-220호

우 편 주 소   서울시 도봉구 우이천로 353 성주빌딩 3층
대 표 전 화   02) 992 / 3253
전 　 송   02) 991 / 1285
홈 페 이 지   http://jncbms.co.kr
전 자 우 편   jncbook@hanmail.net

ISBN 979-11-5917-034-8   13720   정가 14,000원